Cómo criar jóvenes de fe sólida

Cómo criar jóvenes de fe sólida

IDEAS DIARIAS PARA EDIFICAR CONVICCIONES FIRMES

Dra. Kara E. Powell y **Dr. Chap Clark**

La misión de Editorial Vida es ser la compañía líder en satisfacer las necesidades de las personas con recursos cuyo contenido glorifique al Señor Jesucristo y promueva principio bíblicos.

CÓMO CRIAR JÓVENES DE FE SÓLIDA
Edición en español publicada por
Editorial Vida – 2012
Miami, Florida

©2012 por Kara E. Powell y Chap Clark
Este título también está disponible en formato electrónico.

Originally published in the USA under the title:
   Sticky Faith
   Copyright ©2011 by Kara E. Powell and Chap Clark
Published by permission of Zondervan, Grand Rapids, Michigan 49530

Traducción: *Loida Viegas*
Edición: *Madeline Díaz*
Diseño interior: *Cathy Spee*

ISBN: 978-0-8297-6077-4

CATEGORÍA: Vida cristiana / Familia

IMPRESO EN ESTADOS UNIDOS DE AMÉRICA
PRINTED IN THE UNITED STATES OF AMERICA

12 13 14 15 16 ❖ 6 5 4 3 2 1

A mi madre,
que fue cada mañana un modelo de fe sólida,
llevando una taza de café en una mano y la Biblia
en la otra.
—Kara

A Chap, Rob y Katie
cuyo viaje espiritual nos ha enseñado lo que es
la fe sólida en acción.
—Chap

Contenido

Prólogo

Tom es un estudiante del primer curso de la escuela secundaria como cualquier otro de su edad. Le gusta el deporte y las muchachas, y su vida se ve atrapada en un ciclo perpetuo de deberes y ocupaciones. A todos los efectos, es un muchacho normal que asiste a la escuela secundaria.

Sin embargo, Tom tiene algo que lo hace distinto. Lo supervisa una iglesia dedicada a preparar a toda su congregación para que alienten la fe en los jóvenes. En la Iglesia Presbiteriana de Menlo Park cometemos muchos fallos, pero uno de los objetivos esenciales es contar con muchos adultos que conozcan y amen a los muchachos como Tom y les señalen a Jesucristo. No se trata de una mera estrategia ministerial, sino de una convicción teológica de que la iglesia ha sido llamada a esto.

Recientemente, Tom se encontró con un miembro de nuestra iglesia llamado Mike, de treinta años de edad, riéndose y charlando con él durante algunos minutos. Cuando la conversación terminó, Tom se volvió hacia su madre y le comentó:

—Mamá, siempre seguiré a Jesús.

Para su madre, nada habría significado tanto.

—¿Por qué? —le preguntó.

—Porque en nuestra iglesia hay muchos tipos como Mike, que sé que me quieren —replicó—. Deseo ser como ellos.

Los muchachos experimentan a Jesucristo cuando los adultos de la iglesia son amables con ellos y les dedican tiempo y amor sin un programa oculto.

No obstante, hay una triste realidad: Tom es la excepción y no la regla. Muchos jóvenes carecen de relación con una comunidad de iglesia que no invierte en ellos y debe movilizarse para alcanzarlos. Pocas son las iglesias que han transformado su cultura a fin de considerar a los muchachos como un campo misionero en sus propias ciudades universitarias.

Y nadie ha diagnosticado ni comunicado la esencia de este problema como Chap Clark y Kara Powell.

Decir que la obra y el pensamiento de estos dos autores han influido en la filosofía de la Iglesia Presbiteriana de Menlo Park sería quedarse corto. Chap y Kara lideran el camino hacia una reflexión teológica concienzuda en cuanto a los muchachos y la fe en el cambiante paisaje de hoy. Estos son algunos de los pensamientos más profundos que podrán leer sobre los jóvenes actuales y su fe.

Sin embargo, lo más útil de este libro es su ayuda inmensamente práctica. Kara y Chap entablan un diálogo constante con aquellos que trabajan con los muchachos del «mundo real». Convertir la teoría en una práctica concreta es importante para nosotros. También lo es para Tom, aunque todavía no se dé cuenta. Y resulta relevante para cualquiera que dedique su tiempo, su energía y hasta toda su vida a ver a los jóvenes aceptar a Jesucristo como esencia de quiénes son.

Chap y Kara sueñan con que muchachos como Tom lleguen a ser la norma en lugar de la excepción. *Cómo criar jóvenes de fe sólida* es mucho más que otro libro sobre los chicos y su fe; es un viaje al corazón de cada adulto que se ve obligado a responder a la pregunta de qué ha sido llamada a ser en realidad la iglesia de Jesucristo.

—JOHN ORTBERG Y JIM CANDY

Agradecimientos

Las percepciones que se encuentran en estas páginas son el resultado del trabajo colectivo de un fenomenal equipo de padres, abuelos, investigadores, líderes de jóvenes y estudiantes de Fuller. Un especial agradecimiento al Dr. Cameron Lee por su constante asesoría y liderazgo a lo largo de este proceso, a Brad Griffin y la Dra. Cheryl Crawford por sus inestimables conocimientos y contribuciones a la investigación, a la Dra. Chloe Teller por mantener al equipo en el buen camino, a la Dra. Erika Knuth por hacer tantos cálculos, a Irene Cho por ocuparse del Fuller Youth Institute [Instituto de la Juventud Fuller] (FYI) mientras nosotros estábamos inmersos en este proyecto, y en especial a la Dra. Krista Kubiak Crotty por formular la primera pregunta que dio comienzo a toda esta aventura.

Asimismo, nos gustaría dar las gracias a otros que han servido como parte del personal de FYI y del equipo de investigación durante este proceso, incluidos Cody Charland, Nikki Chase, Emily Chen, Rana Choi Park, Marianne Croonquist, Kris Fernout, el Dr. David Fraze, Mike Hensley, Andrea King, Melanie Lammers, la Dra. Lydia Mariam, Meredith Miller, Paul Walker y Matt Westbrook.

Este libro mejoró mucho por el aporte de sabios amigos y padres que dedicaron el tiempo a darnos sus impresiones, incluidos Dave Powell y Dee Clark (quisimos mencionarlos en primer lugar), así como Roger y Lilli Bosch, Cindy Go, Toben Heim, Kathy Hernández, Jeff y Jenny Mattesich, Christa Peitzman y Adam y Nancy Stiles.

FYI no existiría sin otros miembros entusiastas del Comité de Asesores y los apasionados adeptos que incluyen (pero no se limitan) a Dale y Mary Andringa, Noel Becchetti, Barbara Bere, Jim y Judy Bergman, Max y Esther De Pree, April Díaz, David y Carol Eaton, Sted y Robin Garber, Walter y Darlene Hansen, Megan Hutchinson, Ken Knipp, John Lewis, Mark Maines, John y Cris Mumford, Brian y Linda Prinn, Sam y Betsy Reeves, Roy y Ruth Rogers, Albert Tate, Jeremy Taylor, Ron y Sharon Vander-Pol, Gabe Veas, Mike y Valerie Volkema, Scott Watt, Dale Wong, Jeff Wright, la Tyndale House Foundation, los Servants Trusts, la Thrive Foundation, la Vermeer Charitable Foundation y la Stewardship Foundation. Un especial agradecimiento desde lo profundo de nuestro corazón a Lilly Endowment por patrocinar gran parte de nuestra investigación en cuanto a la fe sólida, así como a Wally Hawley por su inapreciable preparación y tantas perlas de sabiduría.

Su trabajo permanece con nosotros y estamos ansiosos por ver cómo el Señor continúa edificando una fe más sólida en los muchachos.

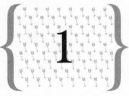

{1}

La realidad de una fe
no tan sólida

*Mis padres son probablemente la mayor
influencia de todas.*
—Robyn

*A lo largo de mi vida, tanto mi padre como mi
madre han dedicado horas y horas a hablarme de
lo que significa ser cristiano, seguir a Dios, lo que
esto debería implicar y cómo hacerlo.*
—Billy

Tiffany no era como Phil y Amy habían esperado.

Como la mayoría de los padres, habían tenido grandes visiones de lo que sería su hija cuando entrara a la escuela secundaria y la universidad.

Sus expectativas eran altas, en parte porque los primeros pasos de Tiffany por aquel «camino de baldosas amarillas»* de la adolescencia manifestaban una gran promesa. Como estudiante de noveno grado, ella estaba profundamente comprometida a conocer a Jesús y darlo a conocer. Mientras sus amigos contaban historias de terror sobre las actitudes de resentimiento, el humor variable y la flagrante falta de respeto por las normas familiares de sus hijos, Tiffany solía ser agradable y obediente. Tenía un montón de amigos, pero también disfrutaba estando con sus padres. Y a Phil y Amy les gustaba mucho pasar tiempo con ella.

Desde el primer domingo que participó en el ministerio de la escuela secundaria en la iglesia donde yo (Kara) servía como uno de los pastores de jóvenes, Tiffany se lanzó de cabeza a todas las actividades posibles de la iglesia. En cada evento que se organizaba —coro de jóvenes, días en la playa, viajes a Tijuana para servicios de fin de semana— allí estaba Tiffany. Y no solo hacía acto de presencia, sino que por lo general se aparecía en la iglesia al menos treinta minutos antes para ver si podía ayudar.

¡Y claro que ayudaba! Era especialmente buena haciendo carteles. Solía extender el papel en el suelo de la sala de jóvenes e intentaba dibujar imágenes creativas para promocionar las próximas actividades o reforzar el tema de enseñanza de la semana siguiente. Cuando los hacíamos juntas, hablábamos de nuestro deseo mutuo de conocer a Jesús y contribuir a que otros también lo hicieran.

Tiffany no era perfecta, por supuesto, pero los demás padres del grupo de jóvenes envidiaban lo fácil que parecía ser todo para Phil y Amy con su hija.

Alrededor del undécimo grado, comenzó a cambiar. Empezó a vestirse de negro y usar mucho maquillaje. Sus faldas se iban encogiendo. Cada vez eran mucho más cortas.

Phil y Amy se encontraron de repente discutiendo con Tiffany por su forma de vestir.

Pronto empezaron a reñir con ella por casi todo. Las calificaciones, la hora límite de regresar a casa, amigos todo era una pelea.

Dejó de llegar temprano a la iglesia. Cuando le preguntaba si quería ayudar con los carteles, respondía que estaba demasiado ocupada. Durante su último año de instituto su compromiso con la iglesia se fue volviendo más esporádico.

Seis meses más tarde, se graduó de la escuela secundaria y quedó embarazada. Confusa y avergonzada, no quiso tener nada que ver con la iglesia. Ni conmigo.

Phil me llamó desde el hospital el día que Tiffany dio a luz a su hijo. Aunque me había evitado durante su embarazo, le pregunté a su padre si a ella le parecería bien que fuera a visitarla para conocer a su niño. Ella consintió.

---

* Esta es una alusión a la película «El mago de Oz», donde la protagonista, Dorothy, sigue el camino de baldosas amarillas para ir a ver al mago. (N.T.).

Phil, Tiffany y el bebé recién nacido se encontraban juntos en la habitación del hospital. Tras conversar durante unos minutos, me ofreció que lo tomara en brazos. Era la primera vez que sostenía a un bebé de tan pocas horas. Así que se lo comenté y ella sonrió.

Su padre también intentó esbozar una sonrisa, pero pude notar la profunda tristeza en sus ojos. Me miró y supe lo que pensaba, porque yo tenía el mismo pensamiento.

¿Por qué la fe de Tiffany —una fe que en un principio parecía tan sólida— no se había mantenido firme?

La fe de los chicos no se está manteniendo firme

Padres e iglesias no se están dando cuenta de la dura realidad: existen más Tifannys de lo que habíamos pensado. La junta directiva de la Asociación Nacional de Evangélicos, una organización que representa a sesenta denominaciones y una docena de ministerios, ha emitido un acuerdo en el que deplora «la epidemia de jóvenes que dejan la iglesia evangélica»[1].

Sin embargo, ¿de veras se trata de una epidemia? ¿Este dato en cuanto al abandono de la fe por parte de los muchachos sugiere que es algo más parecido a un goteo o a un aluvión?

Hemos analizado otras investigaciones y concluimos que del cuarenta al cincuenta por ciento de los chicos que se gradúan de una iglesia o un grupo de jóvenes no se mantendrá fiel a su fe en la universidad[2].

Apliquemos esta estadística a los muchachos que usted conoce. Imagine a su hijo o hija y a sus amigos en fila frente a usted. (Estoy seguro de que le sonríen de una forma adorable). Del mismo modo en que solía hacerlo en el terreno de juego para dividirlos en equipos, numere a esos chicos: «uno, dos, uno, dos, uno, dos…». Los números uno se mantendrán fieles a su fe; los números dos la dejarán a un lado.

Y tomarán la decisión de alejarse de su fe o no una vez que su período más intensivo de crianza como padre haya acabado.

No estoy satisfecho con un índice del cincuenta por ciento en cuanto a aquellos que mantienen su fe sólida[3].

¿Usted sí?

Lo dudo.

He aquí otra estadística alarmante: solo el veinte por ciento de los estudiantes universitarios que abandonaron su fe lo habían planeado durante la escuela secundaria. El ochenta por ciento restante tenía la intención de perseverar en su fe, pero no lo hizo[4].

Como se ha indicado acertadamente, la adultez temprana suele ser una época de inevitable experimentación para los adolescentes que se criaron en la iglesia y están aprendiendo a hacer de la fe algo propio. Esta opinión se ve apoyada por la alentadora estadística de que un cierto porcentaje, entre el treinta y el sesenta por ciento de los graduados de los grupos de jóvenes que abandonan su fe y la iglesia, suele regresar a ambas cuando les falta poco para cumplir los veinte[5]. Con todo, esos jóvenes adultos ya se han enfrentado a importantes disyuntivas en su camino concernientes a la amistad, el matrimonio, la vocación, la cosmovisión y el estilo de vida, todo ello mientras su fe ha estado relegada al asiento trasero. De modo que tendrán que vivir con las consecuencias de estas decisiones durante el resto de sus vidas. Además, aunque podemos alegrarnos por los que a la larga vuelven a colocar su fe en el asiento del conductor, seguimos angustiados por los que se hallan entre el cuarenta y el setenta por ciento que no lo harán.

LOS ESTUDIANTES UNIVERSITARIOS SE DESENFRENAN

Desde la película *Animal House* [Colegio de animales] hasta la canción de Asher Roth, «I Love College» [Me encanta la universidad], la vida universitaria se ha venido describiendo como un incesante carrusel de sexo, drogas y alcohol, con unas pocas horas de estudio por aquí y por allá. Es cierto que el sexo, las drogas y el alcohol no son la prueba de fuego máxima para la espiritualidad de un universitario. (Ampliaremos esto más adelante). Indudablemente, las descripciones promedios de estos muchachos resultan exageradas. No obstante, como cada vez son más los estudiantes que participan en fiestas y esto suele afectar su relación con Dios, es un factor que debemos debatir a la hora de intentar mantener una fe sólida.

Cada mes, solo un poco menos del cincuenta por ciento de los universitarios que residen en la universidad se atiborran de bebida, abusan de los fármacos, y/o consumen drogas ilegales[6]. Según un análisis realizado por un profesor de salud pública de la Universidad de Harvard, el número de miembros de hermandades masculinas y femeninas que cometen excesos con el alcohol ha aumentado hasta el ochenta por ciento[7].

Este enorme consumo de alcohol les está costando caro a los estudiantes. De acuerdo con las estadísticas, los estudiantes universitarios gastan cinco mil quinientos millones de dólares cada año en alcohol, mucho más que en refrescos, té, leche, zumo, café y libros de texto juntos[8].

Tal uso extendido del alcohol abre la puerta del dormitorio. El Dr. Michael Kimmel ha investigado exhaustivamente la conducta de los universitarios y llegado a la conclusión de que «casi todas las relaciones casuales, o de un día, se facilitan a base de copiosas cantidades de alcohol»[9].

Con toda seguridad habrá oído el término *relación* o *sexo casual*, que alude a una multitud de conductas sexuales que van desde el beso hasta el sexo oral y la copulación, sin expectativas de un compromiso emocional. Los estudiantes universitarios del último curso tienen un promedio de casi siete relaciones casuales durante su carrera, y de ellos el veintiocho por ciento ha tenido diez o más[10].

Kimmel capta de forma gráfica el nivel de desenfreno de los recintos universitarios al explicar sus efectos sobre los centros de cuidado de la salud locales: «Cada una de las salas de urgencias de cualquier hospital adyacente o cercano a un campus universitario almacena suministros adicionales los jueves por la noche: equipos de violación para las víctimas de agresiones sexuales, fluidos intravenosos para los que se deshidratan debido al vómito inducido por el alcohol, y sangre para los accidentados por conducir ebrios»[11].

¿MUCHACHOS CRISTIANOS DESENFRENADOS?

¿Y qué hay de los chicos que proceden de familias cristianas? ¿Son tan alocados como el resto de los estudiantes universitarios?

Las buenas noticias son que múltiples estudios indican que los estudiantes más espirituales que suelen asistir a la iglesia o reuniones religiosas tienen menos probabilidades de consumir alcohol o tener relaciones casuales[12]. Sin embargo, que resulte menos probable que estos chicos vayan de fiesta no significa que no lo hagan en lo absoluto. En un estudio experimental que realizamos al principio de nuestra investigación, el cien por ciento de los sesenta y nueve graduados de los grupos de jóvenes que sondeamos había bebido alcohol durante sus primeros cinco años de universidad.

Un miembro de nuestro equipo de investigación sobre una fe sólida, la Dra. Cheryl Crawford, centró sus pesquisas en muchachos que habían sido designados líderes de sus ministerios de jóvenes en la escuela secundaria. Tras extensas conversaciones con estos antiguos líderes estudiantiles, la Dra. Crawford concluyó que «la soledad y la búsqueda de amigos parecen dar inicio a todo lo demás. La razón primordial que los estudiantes dieron para participar en el "escenario de la fiesta" fue que "todo el mundo" estaba allí. Un muchacho me dijo: "No creo haber conocido aquí a muchas personas que no beban. De veras es difícil relacionarse si uno no bebe". Estas decisiones fundamentales en cuanto a ir de fiestas se toman en las dos semanas iniciales del primer año universitario».

Un estudiante del último curso que entrevistamos describió muy bien las juergas y otros desafíos propios de la transición de la escuela secundaria a la universidad: «Salir de la escuela secundaria para entrar en la universidad es como zarpar en un crucero gigante. Dejas el puerto y todos te dicen adiós con la mano. Digamos que ese barco es tu fe. Tan pronto como te haces a la mar en dirección al nuevo puerto llamado universidad, te das cuenta de que te encuentras en un bote. Ya no estás en ese inmenso barco, y no tienes preparación ninguna… ¡y tu nave se está hundiendo! Estarás perdido a menos que aparezca alguien con un salvavidas y esté dispuesto a decirte: "Ya te tenemos. Ven aquí, que es donde puedes estar y crecer"».

PASOS PARA UNA FE SÓLIDA: NUESTRA INVESTIGACIÓN

En el Instituto de la Juventud Fuller queremos unir fuerzas con usted para ofrecerles a sus hijos un barco de fe más firme y tenderles un salvavidas a los que ya sientan que se están ahogando. En todas nuestras iniciativas de investigación, la misión consiste en convertir las indagaciones en recursos que estimulen a los líderes, jóvenes y familias.

Desde hace diez años vengo ocupándome de la crianza de mis hijos y llevo veinticinco ayudando a los chicos en un ministerio para jóvenes. Mi coautor, Chap Clark, es padre desde hace treinta años y ha dedicado unos cuantos años más que yo al desempeño de una variada labor ministerial que, además del área pastoral, se ocupa de la juventud y la familia. Aun cuando esto suma muchos años de experiencia, quisimos juntar nuestras vivencias con las percepciones obtenidas a partir de varias pautas adicionales de investigación.

Clark pasó casi todo un año escolar en el campus de una escuela pública como maestro sustituto autorizado a observar, participar e investigar. Esta fue nuestra primera línea de búsqueda. En su labor, Chap recopiló historias y otras observaciones que, en primer lugar, tradujo en impresiones y después en conclusiones codificadas. Al mismo tiempo, el equipo de investigación se ocupaba de integrar y comparar los descubrimientos de Chap con los que otros expertos habían publicado sobre la adolescencia.

A continuación, Chap dirigió doce grupos de enfoque por todos los Estados Unidos y Canadá, y finalmente publicó su estudio en el libro *Hurt: Inside the World of Today's Teenagers*[13] [Sufrimiento: Dentro del mundo de los adolescentes de hoy]. Con su equipo del Seminario Fuller, formado por profesores y estudiantes, sigue estudiando y entrevistando a los chicos, y muchas de las apreciaciones de este libro proceden de esta investigación.

La segunda línea de búsqueda fue mi trabajo en el «Proyecto de transición a la universidad», una serie de estudios exhaustivos realizados con más de quinientos alumnos del último curso a punto de graduarse[14]. Usted sabrá lo que piensan estos estudiantes (con nombres ficticios) mediante citas destacadas en recuadros laterales y al principio de cada capítulo. Los seis años de indagaciones realizadas por parte del equipo de Transición a la Universidad, compuesto por profesores y alumnos, se han visto impulsados por dos objetivos de investigación: entender mejor la dinámica de la transición a la universidad en el caso de los graduados de los grupos de jóvenes, y establecer los pasos que pueden dar los líderes, las iglesias, los padres y los preuniversitarios mismos para ayudar a los estudiantes a permanecer en el camino de la fe sólida[15].

> Para más información sobre las preguntas
> que formulamos en nuestras encuestas,
> le rogamos vea los apéndices y también la
> página (en inglés) www.stickyfaith.org.

De muchas maneras, los estudiantes que participaron en este estudio de larga duración representan a los típicos alumnos cristianos del último curso en su transición a la universidad (por ejemplo: proceden de distintas regiones de los Estados Unidos; asisten a universidades públicas, privadas, cristianas o vocacionales; y el cincuenta y nueve por ciento son chicas y el cuarenta y uno por ciento chicos). A pesar de ello, los muchachos de nuestra selección suelen tener calificaciones más altas en la escuela secundaria y es más probable que procedan de familias intactas que el alumno típico que se dirige a la universidad. También reclutamos a chicos de las iglesias con pastores profesionales a tiempo completo, lo que significa que proceden de iglesias superiores en tamaño a la media (una iglesia promedio contaría con un número de miembros entre quinientos y novecientos). Desde el principio, queremos admitir que estos factores aportan cierta parcialidad a nuestros descubrimientos que intentamos contrarrestar con diligencia mediante el examen de otros estudios de investigación y las entrevistas cara a cara con estudiantes que contaban con antecedentes académicos, familiares y de iglesia más diversos.

En nuestro esfuerzo por brindarle un enfoque a nuestro «Proyecto de transición a la universidad», reclutamos a alumnos del último curso de la escuela secundaria que tenían intención de cursar estudios universitarios tras la graduación, ya fuera durante cuatro años en una universidad, en un colegio donde se estudian los dos primeros años de la carrera, o en una escuela vocacional. No podemos estar seguros por completo, pero pensamos que probablemente nuestros descubrimientos son relevantes para los graduados que pasen a formar parte de la fuerza de trabajo activa o ingresen en el servicio militar. Nuestra corazonada se ha visto respaldada por un estudio paralelo que indica que los índices de deserción de la iglesia por parte de los estudiantes universitarios y aquellos que no ingresan a la universidad no resultan demasiado disparejos[16].

> Algunas veces nos preguntan sobre las diferencias de género cuando se trata de una fe sólida. Aunque no hemos investigado esta cuestión de forma extensa, podemos afirmar que en nuestro estudio en general no existen fuertes diferencias en la fe de los hombres y las mujeres dentro de los parámetros utilizados.

DEFINICIÓN DE LA FE SÓLIDA

Mientras conceptualizábamos en un principio esta investigación, nos topamos rápidamente con una importante pregunta: ¿Qué significa con exactitud una fe sólida? Potter Stuart, juez de la Corte Suprema, le atribuyó al término «obscenidad» la siguiente definición: «Algo que reconozco cuando la veo». Aunque resulta tentador aplicar esta antigua y famosa enunciación, eso no funciona en los círculos académicos. Basándonos en nuestras indagaciones en la literatura y nuestra comprensión de los estudiantes, llegamos a tres descripciones de la fe sólida; las dos primeras son relevantes para todas las edades, mientras que la última ha incrementado su importancia durante la transición de los alumnos a la universidad.

1. *La fe sólida es interna y externa a la vez.* Forma parte de los pensamientos y las emociones internas de un

estudiante, y también se exterioriza en elecciones y actos que reflejan ese compromiso de fe. Estas conductas incluyen una asistencia regular a la iglesia o al grupo del campus, la lectura de la Biblia y la oración, prestar servicio a los demás y una menor participación en los comportamientos de riesgo, sobre todo en aquellos relacionados con el sexo y el consumo de alcohol. En otras palabras, la fe sólida implica la integración de toda la persona, al menos en cierto grado.

2. *La fe sólida es personal y comunitaria a la vez.* Celebra el cuidado específico de Dios para cada persona, mientras sitúa siempre la fe dentro de la comunidad global y local de la iglesia[17]. Dios nos ha diseñado para que crezcamos en nuestra relación individual con él y también en nuestras relaciones con los demás.

3. *La fe sólida es madura y hace madurar.* Manifiesta las señales de una madurez espiritual, pero también forma parte del proceso de crecimiento. No suponemos que un alumno del último grado de la escuela secundaria o un universitario de primer año (y hasta los padres) tengan una fe completamente madura. Todos nos encontramos inmersos en el proceso[18].

La inmensa mayoría de los muchachos entrevistados —incluso aquellos a los que les iba bien en la universidad— informaron que entrar allí suponía una experiencia de crecimiento así como un desafío, con innumerables perspectivas y nuevas vivencias. Al releer las transcripciones, parecería que el típico estudiante universitario se sienta a una mesa repleta de nuevas e interesantes cosmovisiones y personas. En lugar de permitir que la fe solo fuera una más entre muchas voces que pedían ser oídas, los que tenían una fe sólida habían resuelto que esta presidiera la mesa.

EL PAPEL FUNDAMENTAL DE LOS PADRES EN UNA FE SÓLIDA

Este capítulo se ha compuesto, en gran parte, de malas noticias. Chap me cataloga como una eterna optimista. Y no me molesta. Así que permítame darle algunas buenas noticias en cuanto a nuestra investigación: sus hijos están más vinculados a usted de lo que cree. Les pedimos a los universitarios a punto de graduarse que clasificaran cinco grupos teniendo en cuenta la calidad y cantidad de apoyo recibido. Estos cinco grupos consistían en: amigos dentro del grupo de jóvenes, amistades externas a dicho colectivo, líderes juveniles, padres, y adultos de su congregación.

¿Qué grupo designaron como el número uno? A los padres.

Más buenas noticias: nuestra investigación muestra una relación entre el respaldo de los padres y una fe sólida.

Sin embargo, aun siendo importante, el apoyo paterno no es la única forma de influenciar a sus hijos. A la hora de formar a su hijo hay algo más importante: lo que usted es. En realidad, resulta desafiante señalar un factor de la fe sólida más relevante que usted mismo. La forma en que exprese y viva su fe puede tener un mayor impacto en su hijo o hija que cualquier otra cosa.

Después de esta encuesta telefónica por toda la nación en la que participaron tres mil doscientos noventa adolescentes y sus progenitores, así como también luego de llevar a cabo doscientos cincuenta entrevistas profundas, el Dr. Christian Smith, sociólogo de la Universidad de Notre Dame, concluyó: «La mayoría de los adolescentes y sus padres pueden no darse cuenta, pero la amplia investigación realizada en la sociología de la religión sugiere que la influencia social más importante que determina la vida religiosa de los jóvenes es aquella que sus padres les enseñan mediante el ejemplo»[19].

> Creo que fue en la universidad donde mi fe se convirtió definitivamente en algo serio para mí. ¡Dios es tan real y tan importante en mi vida! Mi fe se volvió difícil e incómoda, y creo que esto es lo que la hace real.
> —Shelby

Como resumió Christian Smith de un modo más sencillo en una conversación con Chap y conmigo: «En lo que respecta a la fe de los muchachos, los padres obtienen lo que ellos mismos son»[20].

> Para acceder al audio de esta conversación entre nosotros dos y Christian Smith, visite la página (en inglés) www.stickyfaith.org.

Por supuesto, hay excepciones. Su fe puede ser muy diferente a la de sus padres. Además, he conocido a una gran cantidad de padres cuyos hijos acaban en cualquier parte del espectro de la fe.

Sin embargo, una de las principales razones por las que Chap y yo queríamos escribir este libro era nuestro profundo deseo de que los jóvenes llevaran a cabo su jornada a través de la vida con el Dios que los ama más de lo que ellos pueden imaginar. Usted representa más que una plataforma de lanzamiento para esa jornada; también es una compañía perenne, una guía y un compañero de viaje.

«DESCUBRIMIENTOS NOTABLES» Y «LA FE SÓLIDA LLEVADA A LA PRÁCTICA»

Hemos dividido cada capítulo en dos secciones. La primera se titula «Descubrimientos notables», y en ella resumimos lo que hemos aprendido a partir de los chicos que hemos estudiado y de las Escrituras. Como investigadores que seguimos a Cristo, estamos convencidos de que limitarnos a hacer números sobre las experiencias de los estudiantes sería muy superficial. Tan solo cuando emparejamos nuestro estudio acerca de los alumnos con un concienzudo examen de la teología y las Escrituras, podemos bucear en aguas más profundas.

> *Mis padres son mi modelo espiritual a imitar en todo; mi objetivo es desarrollarme espiritualmente como lo han hecho ellos.*
> —Tyler

LA REALIDAD DE UNA FE NO TAN SÓLIDA

Durante los últimos años hemos venido debatiendo estos «Descubrimientos notables» con los padres por medio de consultas individuales, grupos de enfoque y seminarios a través de toda la nación. Hemos invitado a veintiocho iglesias innovadoras por todos los Estados Unidos a que apliquen nuestra investigación a su entorno uniéndose a nuestros seguidores de la fe sólida. Mediante dos cumbres y seminarios mensuales por la Internet, estas iglesias se convirtieron en diversas incubadoras del ministerio de una fe sólida. A partir de lo que hemos aprendido de los padres en estas iglesias, así como en un gran número de otras de distintos tamaños, denominaciones y situaciones geográficas, podemos recomendar una lista concreta de ideas prácticas para educar a los hijos. Estos consejos se describen en detalle en la segunda sección de cada capítulo, titulada «La fe sólida llevada a la práctica».

> No puedo enfatizar lo suficiente la influencia que mis padres han tenido sobre mí, y a medida que me relaciono con más personas, más gente conozco que no han sido influenciados por sus padres como yo por los míos.
> —Chet

NUNCA ES DEMASIADO TARDE

Si es progenitor o abuelo de chicos adolescentes o universitarios, podría estarse preguntando si no resulta demasiado tarde para desarrollar una fe sólida en sus hijos y nietos. Escuche estas buenas noticias: dado que la fe es para todos nosotros un proceso que se desarrolla a lo largo de toda la vida, jamás es muy tarde para ser más intencionado en cuanto a su educación y esa fe que modela y sobre la que debate con sus hijos.

Dicho esto, sugerimos que si está iniciando tarde este proceso, vaya lentamente. Si hace sonar la sirena de una fe sólida y de inmediato se lanza a una larga lista de nuevas prácticas en este asunto, las antenas de su hijo lo percibirán como algo falso y forzado. Por el contrario, sea prudente y orgánico. Escoja unos pocos rituales nuevos para probar y si no le funcionan del todo bien, abandónelos para intentar otra cosa. Sus hijos mayores serán mucho más receptivos si comienza lentamente a elevar el volumen de su forma de discutir y ser ejemplo de una fe sólida.

NUNCA ES DEMASIADO PRONTO

Desde el principio de nuestra investigación, concluimos que edificar una fe sólida no es algo que comienza cuando sus hijos son universitarios del último curso o el tercer año. La realidad es que la trayectoria de fe de sus hijos se va formando mucho antes del duodécimo grado. Aunque hemos dedicado el capítulo 7, «Un puente firme para salir de casa», a debatir cómo construir una fe sólida en sus hijos del último curso de la escuela secundaria, lo alentamos a que también aplique el resto del libro a sus hijos menores. Mis tres hijos tienen cinco, nueve y once años, y nuestra investigación impacta en la forma en que mi esposo y yo los educamos cada día. Los hijos de Chap tienen veintitrés, veintiséis y casi treinta años, pero él y su esposa, terapeutas matrimoniales y de familia, han estado aplicando estos principios conforme los han ido descubriendo.

En realidad, es más probable que usted desarrolle una fe sólida en sus hijos si comparte nuestra investigación con otros amigos, padres, abuelos y, sobre todo, con su iglesia. Intente crear un equipo de fe sólida tan amplio como le sea posible. Tras estudiar la transición de los alumnos del último curso a la universidad, el Dr. Tim Clydesdale, profesor adjunto de sociología en la Universidad de New Jersey, concluyó: «Dada la aparente importancia que los grupos religiosos de los Estados Unidos le conceden a retener a la juventud, resulta impresionante el desorden con el que las iglesias tratan este asunto»[21]. Por esta razón dedicamos una buena cantidad de tiempo a aconsejarles cómo llevar a cabo esta educación, pero también a proporcionarles consejos prácticos a las iglesias sobre cómo disciplinar a sus jóvenes en lo que respecta a una fe sólida que vaya madurando. Y dado que *usted* es la iglesia, esperamos que le presente estos descubrimientos a su congregación y busque la manera de implementarlos en sus relaciones, su adoración y sus actividades.

Es hora de acabar con esta forma incontrolada de preparar a nuestros hijos para todo lo que deberán afrontar en el futuro.

POR ENCIMA DE LA INVESTIGACIÓN: UN DIOS AMOROSO Y FIEL

Desearíamos que existiera un plan infalible para la crianza de nuestros hijos; sin embargo, seremos los primeros en admitir que no lo hay. Durante esta investigación hemos conocido a padres con una fe sorprendente y grandes habilidades para la crianza cuyos hijos han dejado a un lado su fe. Por el contrario, también nos hemos encontrado con padres espiritualmente tibios con hijos fervientes. No existe un método garantizado ni una sencilla lista de pasos a seguir para proporcionarle a su descendencia una fe duradera. Precisamente, la escasez de respuestas es lo que convierte a la crianza en algo tan agotador.

Podría ser un poco decepcionante, pero quisiéramos hacerle unas cuantas recomendaciones adicionales que esperamos lo alienten.

Por más que amemos la investigación, también seremos los primeros en admitir que amamos más al Señor.
Por más que creamos en la investigación, también admitiremos enseguida que creemos más en Dios.
Por más que valoremos organizar y analizar datos, le atribuimos mucho más valor a la oración.

Al compartir nuestra investigación con los padres, incluso con aquellos que sufren por la forma en que sus hijos se han apartado del camino de la fe sólida, recordamos constantemente al Dios que trasciende toda indagación y toda respuesta fácil. Nos impresiona ver lo mucho que necesitamos depender de Dios a fin de obtener sabiduría y fuerzas para nosotros mismos, y algunas veces evidentes milagros para nuestras familias. En última instancia, es el Espíritu Santo —no nosotros—el que desarrolla la fe sólida en los chicos.

En una de nuestras presentaciones a los padres, una madre con el corazón destrozado compartió con el grupo que había suplicado de rodillas que Dios hiciera que sus hijos volvieran a amarlo.

Al oírlo, otra mamá que se encontraba sentada a su lado dijo que ella estaba haciendo más que arrodillarse y orar. Había pasado tanto tiempo suplicando por sus hijos, postrada delante del Señor, clamando para que interviniera, que el suelo había dejado una marca en su frente.

Otra madre me dijo una vez que nunca había sido consciente de cuánto control perdería sobre sus hijos cuando llegaran a la adolescencia. Me comentó: «Mientras más control perdía, más ansias tenía de orar».

A través de nuestra investigación, nuestras conversaciones con los muchachos y los padres por toda la nación, e incluso a partir de nuestra propia experiencia como progenitores, hemos aprendido mucho sobre la fe sólida. Tenemos infinidad de sugerencias. Sin embargo, la principal de todas es la siguiente: confíe en el Señor en lo que respecta a sus hijos y siga pidiendo —incluso a veces suplicando— que el Señor construya en ellos una fe sólida.

Reflexiones y preguntas para el debate

1. Cuando la gente decide leer un libro, suele ser porque intenta resolver un problema. ¿Qué dificultades espera tratar mediante la lectura de este manual?

2. ¿Cómo definiría la fe sólida?

3. ¿Cómo se siente al pensar que usted es la influencia más importante en la fe de su hijo?

4. Cuando piensa en la forma en que se ha ocupado de su crianza hasta el momento, ¿qué cree haber hecho para contribuir a la fe de su hijo? ¿Qué desearía haber realizado de otro modo?

5. ¿Qué le parece la sugerencia de que los padres confíen en el Señor en lo que respecta a sus hijos y le supliquen que construya una fe sólida en ellos? Quizás le gustaría dejar este libro por un momento y orar antes de pasar a la página siguiente.

{2}

El evangelio que permanece

Dios no es el amigo que era cuando yo estaba en la escuela secundaria. Ahora es más como el abuelo que está en la residencia y al que solo visito en las vacaciones o en ocasiones especiales.
—Ely

Mis padres han sido educados en familias cristianas, pero su forma de criarme se ha parecido más a tener una cultura cristiana que una relación personal con Jesús.
—Geoff

Darrin era un buen muchacho, proveniente de una buena familia, que había crecido asistiendo a la iglesia. Cuando comenzó a acudir a nuestro ministerio juvenil, estaba más interesado en quién lo frecuentaba que en crecer en Dios. Sin embargo, todo cambió aquel verano que fue al campamento. Pronto adquirió seriedad en cuanto a su fe (como él lo describió) y de la noche a la mañana se convirtió en un líder que no solo alentaba a otros en su fe, sino que era diligente a la hora de vivir todo lo que un guía juvenil o unos padres querrían en un joven discípulo. Leía la Biblia todas las mañanas e incluso memorizaba las Escrituras. Mantenía un diario de oración. Daba charlas en la iglesia y se ofrecía como voluntario para todas y cada unas de las necesidades. En una palabra, no había otro muchacho cristiano tan comprometido como él.

Entonces se marchó a la universidad.

Durante la primera semana de clases, estableció un grupo de amigos con el que se sintió instantáneamente vinculado. Comentó que había pensado ir a la iglesia, pero tras unas pocas semanas de disfrutar de algunas oportunidades recién descubiertas de la vida universitaria, perdió el interés. Yo (Chap) lo llamé e intenté que nos viéramos durante el primer fin de semana que regresara a casa, pero estaba demasiado ocupado para llamarme o incluso para venir a la iglesia. Al siguiente verano, Darrin me dijo que ni siquiera estaba muy seguro de que ese «asunto de Dios» fuera real o «funcionara». De todos modos quería esperar hasta acabar la universidad para «volver a retomarlo».

La frase «volver a retomarlo» debería haber hecho sonar una alarma en mi mente, porque ilustraba lo que la fe había supuesto para Darrin. Durante la escuela secundaria, su fe había sido real, de eso no tenía la menor duda. Sin embargo, había resultado ser poco profunda, basada en el desempeño y centrada en que Darrin se hallara «involucrado en ella» o «trabajando» para que tuviera sentido. En cuestión de meses, había pasado de ser un líder cristiano comprometido a convertirse en alguien que había dejado su fe atrás. No se había dado cuenta de que el punto máximo de los deberes espirituales que practicaba implicaba algo mucho más profundo.

Kara y yo pensamos que la esencia de la fe sólida significa desarrollar una clara y sincera comprensión tanto del evangelio como de la fe bíblica. A medida que nuestros hijos son guiados a una conciencia de su relevante papel en el reino de Dios según se demuestra en las Escrituras de principio a fin, tendrán una mejor probabilidad de descubrir una fe irresistible y que da vida.

DESCUBRIMIENTOS NOTABLES

Muchos jóvenes son incapaces de definir el cristianismo

Muchos de nuestros hijos —aun los que han crecido en la iglesia— tienen criterios sorprendentes en cuanto a lo que significa ser cristiano. Le formulamos a alumnos del primer año de universidad que se habían graduado de grupos de jóvenes la pregunta: «En tu opinión, ¿en qué consiste ser cristiano?». Más de dos tercios dieron respuestas relacionadas con «actos» de fe como «amar a los demás» y «seguir el ejemplo de Jesús». Más de un tercio ni siquiera mencionó a Jesús... ¡y de este grupo el treinta y cinco por ciento no habló de Dios ni de Jesús!

Ciertamente, ser cristiano implica un fruto de amor y servicio, ¿pero constituyen estas tareas la definición central de la fe?

Cuando Darrin estaba en la escuela secundaria, percibía que su trabajo como creyente era vivir a la altura de los desafíos y las expectativas de sus padres, la iglesia y los amigos cristianos. Equiparaba la fe a las disciplinas espirituales, las «buenas obras» y vivir como un ejemplo del cristianismo que agradara a Dios. Sin embargo, en su caso y en el de otros muchos chicos, ese estilo de vida de fe externa no es suficiente para mantener una fe sólida.

Muchos jóvenes han adoptado «el evangelio de la administración del pecado»

Cuando sus hijos aprenden lo que significa vivir como cristianos, lo típico es que reciban una lista de lo que deben y no deben hacer.

Debes ir a la iglesia y asistir al grupo de jóvenes con tanta frecuencia como te sea posible, leer la Biblia, orar, ofrendar, compartir tu fe, obtener buenas notas, respetar a tus mayores, realizar un viaje misionero durante las vacaciones de primavera y ser un buen muchacho.

No debes ver películas inadecuadas, beber, drogarte, tener relaciones sexuales, replicar, decir palabras groseras, pasar el rato con «malas compañías», viajar a Cancún en las vacaciones de primavera o ir de fiestas.

El filósofo Dallas Willard acuñó la frase «el evangelio de la administración del pecado», la cual resume el modo de pensar de muchos de nosotros: «La historia nos ha llevado hasta un punto en el que se piensa que el interés del mensaje cristiano se centra, única y fundamentalmente, en cómo tratar con el pecado, es decir, con las malas acciones o actitudes y sus efectos. La vida, nuestra verdadera existencia, no se halla incluida en lo que ahora se presenta como el centro del mensaje cristiano; o tal vez solo lo esté de forma marginal [...] El evangelio actual se convierte, pues, en el «evangelio de la administración del pecado»[1].

Los chicos no están captando este tipo de evangelio por sí solos, sino que lo están aprendiendo de nosotros a partir de lo que creemos, hablamos y, lo más importante, el ejemplo que le damos cada día. Nuestros hijos son espejos de nuestras actitudes y creencias.

Los jóvenes necesitan descubrir lo que significa confiar en Cristo

En el centro de la fe sólida se encuentra una fe que confía en Dios y entiende que la obediencia es una *respuesta* a esa confianza total. El término griego para *fe* es *pisteuo* (pronunciado «pis-tai-U-o»). En el Nuevo Testamento, *pisteuo* se puede traducir como tres palabras distintas, aunque estrechamente relacionadas: «fe», «creer» y «confiar». De modo que, como regla general, cuando vemos los vocablos *fe* o *creer* en la Biblia, proceden de *pisteuo*, por lo tanto, se pueden traducir como «confiar». Al ayudar a sus hijos a comprender qué significa una fe sólida, cada decisión, cada pensamiento y cada acto se resume a esto: ¿En quién deposito mi confianza? ¿Confío en mis instintos, mis deseos, mis convicciones, o en Cristo?

Jesús afirmó esto cuando le preguntaron: «¿Qué tenemos que hacer para realizar las obras que Dios exige?». Él respondió: «Ésta es la obra de Dios: que crean [o confíen, *pisteuo*] en aquel a quien él envió» (Juan 6:28-29). En Cristo, este es el llamado principal y fundamental que Dios tiene para nuestros hijos —y para nosotros— a medida que se desarrolla nuestra fe.

En contraste con la suposición de que «hacer cristianismo» es lo que hace que la fe funcione, el proceso de alcanzar una fe sólida descrito por Pablo muestra que la forma de profundizar en nuestra confianza implica situarnos en una posición en la que podamos acercarnos a Dios incluso mientras el Espíritu Santo ande tras nosotros y nos rodee. El punto de Pablo en Gálatas 5:6 en cuanto a que «en Cristo Jesús de nada vale estar o no estar circuncidados» no se limita a la circuncisión ni a ninguno de los antiguos rituales hebreos. Esto también se aplica a nuestros intentos contemporáneos de trepar por la escalera de la justicia por nosotros mismos, a través del evangelio autoimpuesto de la administración del pecado. Podemos insertar cualquiera de los deberes devocionales de hoy, que según nosotros son la esencia de la fe, en las palabras de Pablo en Gálatas 5:6. Por ejemplo: «En Cristo Jesús de nada vale leer o no leer la Biblia», *por el hecho en sí.*

Las disciplinas espirituales no nos justifican al llevarlas a cabo, sino que nos colocan en una posición en que podemos ser conducidos a confiar en Cristo de un modo más pleno. Si nosotros, o nuestros hijos, leemos las Escrituras (o cumplimos con algún deber devocional) porque pensamos que de alguna manera en el transcurso de nuestro estudio nos volveremos más justos, lo que estaremos diciendo en realidad es que no necesitamos que Dios nos cambie. Por el contrario, el «evangelio que permanece» nos recuerda que debemos centrarnos en confiar, y Dios promete obrar en nosotros en cada paso del proceso fortaleciendo nuestra confianza, dándonos paz y paciencia mientras esperamos que nuestras vidas sean transformadas, y en realidad cambiándonos de adentro hacia afuera.

> En Filipenses 3:1-14, Pablo se hace eco del tema de centrarse primero en la transformación interna y no en la conducta externa. Define como «basura» su circuncisión y su celosa persecución de los justos basada en la ley cuando las compara con conocer a Cristo. En Filipenses 3:12, escribe: «Sigo adelante esperando alcanzar aquello para lo cual Cristo Jesús me alcanzó a mí».

El resultado de una fe más preocupada por las obras que por confiar, o por hacer más que por vivir libremente, es peligroso para los jóvenes discípulos. Como vimos en el caso de Darrin al comienzo del capítulo, el cristianismo basado en el desempeño no puede durar mucho tiempo. Cuando los chicos alcanzan la conciencia —por medio del fracaso, el dolor, la inseguridad o la lucha interna con el dueño de su fe— de que no tienen el poder ni el interés para mantener en marcha la rueda de la fe, la dejarán a un lado.

Si queremos ayudar a nuestros hijos a encontrar y aferrarse a una fe sólida, vibrante, sostenible y de larga duración, debemos permanecer fieles a las palabras de Jesús y seguir el consejo de Pablo: confía en aquel que el Padre envió y vive con el convencimiento de que lo único que cuenta es la fe que se expresa a través del amor.

En Gálatas 5:5, Pablo describe el papel que tenemos en este «evangelio que permanece»: «Nosotros, en cambio, por obra del Espíritu y mediante la fe, aguardamos con ansias la justicia que es nuestra esperanza». O para expresarlo por medio de una sencilla ecuación: fe/confianza más esperar en Dios para que nos cambie es igual a justicia.

Es posible que no lo manifestemos abiertamente, pero resulta muy fácil deslizarse hacia el tipo de fe que dice: «Claro que Dios te ama, pero lo hará *de veras* cuando tú [rellena el espacio]». El versículo de Gálatas 5:5 nos recuerda que obrar en nosotros y presentarnos justos es tarea de Dios; nuestro trabajo consiste en aprender, confiar en él y dejar que se desarrolle el proceso de convertirnos en el tipo de persona que él creó, redimió y llamó.

> Me di cuenta de que estaba creyendo en algo que me habían enseñado. Tenía que aprender a ser dueño de mi fe y a entender por qué creía lo que creía. Debía ser capaz de explicar de qué se trataba, quién es Dios, qué ha hecho en mi vida y por qué deposité mi fe en él.
> —Lanz

Como padres, pues, en lugar de concentrarnos en —y algunas veces inquietarnos por— si nuestros hijos están viviendo una vida «justa», tenemos la oportunidad de ayudarlos a descubrir, alcanzar y fortalecer su confianza y su fe en Jesucristo. Y al hacerlo, la justicia que ellos acabarán manifestando será producto del Espíritu Santo.

A algunos de nosotros nos puede resultar difícil confiar en este proceso con respecto a nuestros hijos. Tendemos a querer resultados inmediatos y medibles. Cuando vemos que los muchachos no parecen entender lo que pensamos que deberían saber, hacer o ser, podemos caer fácilmente en la mentalidad: «¡Porque yo te lo digo, y nada más!».

Nuestro papel al ayudar a que los niños aprendan a confiar en Cristo

En la vida y en la fe, el crecimiento implica un proceso. Nuestra labor como padres en todo este desarrollo es doble: primero, los ayudamos a que aprendan a confiar en Dios y creamos el tipo de entorno en el que puedan explorar la fe y confiar mientras practican su libertad de responder en amor. En segundo lugar, debemos ser el modelo de un amor incondicional, sin prejuicios y absoluto ante el cual nuestros hijos no puedan hacer nada que lo ponga en peligro o incluso lo merme.

No obstante, seré el primero en admitir que es más fácil decirlo que hacerlo.

Que nuestros hijos llevaran su gorra de béisbol dentro de la iglesia es una de las cuestiones que ahora parecen de menor importancia, pero no lo fue cuando se encontraban en la escuela secundaria. Las peleas tendían más a ver quién ganaba (nosotros o nuestros hijos) que al tema de las gorras en la iglesia. Era inevitable que venciéramos nosotros como padres, pero no sin recurrir a la carta del poder parental. Por lo general, solía esperar a que estuviéramos todos en la furgoneta para mencionar las gorras, sin aviso y sin trámite. Ellos a su vez, de forma previsible, se quejaban y discutían.

Por fin, cuando nuestros chicos tenían once y catorce años, mantuvimos una serie de conversaciones sobre por qué querían llevar gorra dentro de la iglesia y la razón por la cual nos parecía una falta de respeto. Después de esto, progresamos. (En realidad, no nos molestaba tanto, pero había gente en nuestra iglesia, sobre todo algunas personas mayores, a las que resultaba evidente que les molestaba y así lo expresaron). Lo verdaderamente importante fue ayudarlos a ver que las gorras no eran en absoluto el problema, sino la forma en que debíamos tratar a los demás aunque discrepáramos con ellos.

Dee y yo intentábamos ayudar a nuestros hijos a que dejaran sus propios deseos a un lado y confiaran en que, a su tiempo, Jesús haría que los adultos de la iglesia entendieran que para un muchacho de la escuela secundaria llevar una gorra era vital para su supervivencia social (en ese tiempo) y no una cuestión de falta de respeto. Finalmente llegamos al punto en que nuestros hijos acordaron renunciar a sus gorras por amor a aquellos que se sentían molestos porque las llevaran. De modo que, aunque a los adultos les preocupara más su sentido de las buenas costumbres y el decoro que el hecho de que unos chicos de octavo grado quisieran ir a la iglesia, nuestros hijos tomaron por sí mismos la decisión de quitarse la gorra en la iglesia. (¡Sin embargo, en el preciso momento en que salían al patio, la decisión quedaba anulada!).

La fe sólida llevada a la práctica

De modo que la pregunta más importante para que se cumpla el llamado bíblico a confiar en que Dios nos cambiará desde adentro hacia fuera es: «¿Qué significa confiar en Dios?», o por decirlo de otro modo: «¿Cómo podemos poner esto en práctica todos los días?». Sugerimos tres formas de ayudar a fomentar este tipo de fe: enséñele a sus hijos que la obediencia es nuestra respuesta al confiar en Dios, convierta todas las discusiones y las actividades familiares en oportunidades para conocer a Cristo y confiar en él, y actúe con gracia cuando su hijo se comporte mal.

Céntrese en confiar en Dios antes de obedecer a Dios

Pidiéndole disculpas al viejo himno «Confía y obedece», permítame decirle que desde el punto de vista teológico confiar en Dios y obedecerle no pretenden ser dos tareas iguales y distintas de la vida cristiana. La confianza en Dios es el llamamiento del evangelio, como hemos visto en Gálatas 5. La obediencia, por otro lado, es nuestra respuesta mientras confiamos. En otras palabras, Dios deja claro que no le interesa la obediencia meramente orientada a obtener su favor, aunque es importante que le obedezcamos. Imagine que su hija es el blanco de murmuraciones vengativas. Nuestro estilo de paternidad puede consistir en resolver el asunto rápidamente lanzando una frase trillada al estilo de las que figuran en las pegatinas para los parachoques. Podría ser una que citara 2 Timoteo 2:24: «Y un siervo del Señor no debe andar peleando; más bien, debe ser amable con todos». A esto podría seguirle un: «Cariño, Dios quiere que seas amable con las personas, de modo que tienes que perdonar y seguir adelante». Ya está. Fin de la historia.

Esta clase de actitud de los padres cristianos que indica: «Obedece a Dios, y sigue adelante» puede ser o no de utilidad en la situación inmediata, pero a largo plazo, resulta ciertamente contraproducente para una fe sólida. En vez de esto, aproveche este suceso para reforzar la idea de confiar en Cristo en las circunstancias de la vida cotidiana. En primer lugar, asegúrele a su hija que el Señor entiende lo que ella está pasando y que ha estado allí. A continuación, recuérdele que en Cristo sí se puede confiar, aunque en los demás no, y que el Señor ha prometido estar con ella y protegerla. Luego, cuando hable de depositar la confianza en un Dios que es fiel y poderoso, ella podrá tener quizás la capacidad de ser amable con esa persona.

Cuando dedicamos el tiempo para ayudar a nuestros hijos a responder a sus circunstancias con amor desde el punto de vista de la confianza en Jesús en medio de sus luchas, en lugar de ofrecer un consejo rápido y directivo, los estamos dirigiendo hacia una fe sólida. Esto fomenta en ellos una disposición a vivir en una obediencia que se basa en conocer a Dios y caminar con él como algo opuesto a la advertencia: «Dios dice que seas amable».

Convierta las discusiones y actividades en oportunidades para conocer a Cristo y confiar en él

Con demasiada frecuencia hablamos de las cuestiones cotidianas de la vida de un modo que deja a Cristo en un rincón, e incluso fuera, hasta que llega el momento de tener la «conversación sobre Dios» alrededor de la mesa. Para muchos, el devocional familiar es genuino, sincero y un momento agradable para enfocarse juntos en Dios. En especial cuando los niños son más pequeños, esta puede ser una herramienta útil para ayudarlos a considerar a Dios como un miembro activo de la familia.

Sin embargo, a medida que se van haciendo mayores, los devocionales familiares pueden convertirse en ejercicios más encaminados a cumplir el ritual que a alentar a nuestros hijos a hablar sobre Dios como una familia. Cuando llegan más o menos a la escuela secundaria, el tipo de devocional familiar más productivo suele ser el de menos rigidez y programación, el más orgánico e incluso espontáneo (lo que en nuestra familia llamamos algunas veces «espontaneidad planificada»). Este tipo de «conversaciones sobre Dios» pueden proporcionar oportunidades para incluir la fe y al Señor en nuestra charla normal, en lugar de caer en una representación «religiosa» forzada y hasta quizás aburrida.

Si está hablando con su hijo o hija y puede percatarse de que le están dando las respuestas de la Escuela Dominical que ellos piensan que usted quiere escuchar, llévelos a un punto más profundo preguntándoles «¿Por qué?» o «¿Qué te hace decir eso?». Dedique un tiempo para ahondar un poco más en sus conversaciones a fin de desenterrar los pensamientos y los sentimientos auténticos de su hijo o hija.

Cuando debatan sobre si una película es adecuada para un adolescente, por ejemplo, no haga preguntas del tipo: «¿Qué haría Jesús?», sino indague: «¿Cómo se relaciona el hecho de confiar en Jesús con la forma en que gastamos el dinero?», o «Al confiar en Jesús con respecto a nuestro entretenimiento y diversión, ¿cómo influye esto en nuestra planificación del fin de semana?». Los padres deben ser creativos y, repito, orgánicos y contextuales a la hora de tratar juntas las cuestiones ordinarias y de la fe. Con el tiempo, en las cuestiones importantes sobre todo, esto ayuda a que sus hijos vean que esa confianza en Jesús que llega a traducirse en amor es lo único que cuenta para Dios.

Cuando nos invitaron a trasladarnos a Denver para enseñar en el Seminario Fuller, en Pasadena, decidimos incluir a nuestros hijos en la conversación. El proceso estuvo lejos de ser perfecto, y al recordarlo vemos que podríamos haber hecho algunas cosas de otro modo. No obstante, de lo que nos alegramos es de haberles co-

> *Entiendo y procuro que mi caminar con Cristo sea mucho más holístico de lo que fue en la escuela secundaria. Dios me llama a una relación con él que hace que entren en juego todas las áreas de mi vida. Como seguidora de Jesús, mi fe es más que un acontecimiento del grupo de jóvenes o un «tiempo de tranquilidad» (¡Ah, cómo odio este término!). Ella afecta mi forma de gastar el dinero, cómo empleo el tiempo, mi orientación profesional, la manera de tratar mi cuerpo, el medioambiente [...] Estas cosas tienen el potencial de ser mi acto espiritual de adoración. En mi búsqueda de una fe cristiana más holística, mientras más unida me siento al llamado de Jesús y su visión para el mundo, más realizada me siento espiritualmente.*
> —Sophie

municado que su opinión importaba en nuestro intento por decidir qué nos estaba diciendo Dios como familia.

Durante ese tiempo de analizar si Dios nos llamaba a mudarnos, pasamos largas cenas discutiendo los pros y los contras de abandonar el «hogar de los Broncos» para irnos a la salvaje ciudad de Carolina del Sur. Dee y yo tomamos la delantera conduciendo la discusión hacia el tema del deseo y el designio de Dios para nosotros, y cómo sería confiar en el Señor con respecto a esta decisión. Al mirar atrás, algunas veces nos preguntamos qué quería lograr Dios con aquella mudanza. Sin embargo, este es el resultado que hemos visto: nuestros tres hijos, que ahora se hallan en la veintena, se plantean la vida como una gran aventura llena de confianza y riesgo. Cada uno de ellos está haciendo su propio viaje de fe. Se hallan en distintas etapas, pero los tres contestarían a cualquiera que les preguntara que no existe otra forma de vivir.

Con el fin de ilustrarlo mejor, he aquí unos cuantos ejemplos de los temas con los que nuestra familia trata cada día. Ofrezco estos consejos e ideas con el único fin de estimular sus propias ideas. No sienta que debe utilizarlas todas de inmediato. Dada la personalidad y el programa de su familia, escoja unas cuantas con las que experimentar a lo largo del próximo mes a fin de crecer juntos en lo que concierne a la confianza en Dios.

CONFÍE EN DIOS CON RESPECTO A SU DINERO

Como familia, apadrinen a un niño de la organización *Companion* o *World Vision* y escríbanle cartas mensuales.

Programen una «reunión de donación familiar» en la que cada chico y adulto tenga igual voz en cuanto a la distribución de los fondos familiares disponibles, o incluso de un capital que requiera un cierto sacrificio, para que otra familia reciba ropa en Navidad. (Observe que no hablo de diezmos, ya que muchos de nosotros tenemos mucho más que el diez por ciento para darles a los que están en necesidad, y esta es una forma más de enseñarles a nuestros hijos que ya no vivimos según las normas o leyes. Con toda libertad, damos gratis lo que Dios nos dio gratuitamente).

Introduzca en su vida familiar unos patrones regulares que recuerden que todo su dinero le pertenece a Dios. Cada Navidad, nuestra familia comienza la mañana con la lectura de Lucas 2, orando y decidiendo a dónde irá nuestro «regalo de Navidad» anual. Cada año le toca a un miembro de la familia decidir a qué obra de caridad irá el donativo y cuál será la cantidad, después lo debatimos hasta que alcanzamos un consenso.

Enséñeles a sus hijos a ser extravagantes con los recursos que Dios les ha encomendado. Por ejemplo, cuando salgan a comer, representen a Cristo ante la persona que les sirve. Siempre que sea adecuado, deje que el camarero o la camarera vea o descubra que son una familia que sigue a Cristo, preguntándole cuando vayan a orar si tiene alguna necesidad de oración. La experiencia de la mayoría de los camareros es que los cristianos son la gente más descortés y los que menos propinas dejan entre todas las personas a las que sirven. Por tanto, déle una gratificación mucho mayor de la que esperarían de cualquier otro cliente, independientemente del nivel de su servicio. La generosidad con todos, y no solo con quienes están en necesidad, es una expresión de la gracia de Dios hacia nosotros y nos ayuda a confiar todavía más en él[2].

CONFÍE EN DIOS CON RESPECTO A SU TIEMPO

Una vez al mes, emprendan un proyecto de servicio a la comunidad en familia. Hagan también algo juntos para la iglesia con esa frecuencia. O al menos imparta una clase de la Escuela Dominical con uno de sus hijos, o dirija un programa de verano para chicos.

Una vez al mes, o en cada trimestre, aparte un día para jugar con su chico. He oído decir: «Nunca deje que la educación de su hijo entorpezca la educación de su hijo». Esto significa que un día con usted en la playa, viendo juntos una película y compartiendo un almuerzo tendrá más impacto a largo plazo que sentarse en clase durante toda esa jornada.

Convierta la experiencia de la cena en un tiempo y un lugar sagrados. Al menos una vez a la semana, reúnalos a todos en la cocina desde media hora antes de la cena hasta media hora después. Nada de llamadas telefónicas ni de verificar textos o correos electrónicos, y nada de televisión. Acaben de preparar todos juntos la comida, sírvanse los unos a los otros y que todo el mundo ayude a limpiar. Realicen un juego. Canten una canción. Bailen.

CONFÍE EN DIOS CON RESPECTO A SUS RELACIONES

Invite a otra familia, o a los que necesitan algo de tiempo familiar, a comer con ustedes una vez al mes o con mayor frecuencia.

Ábrales las puertas de su hogar a sus vecinos y amigos del trabajo, la iglesia o la escuela, permitiendo que compartan con usted y su familia.

Durante los días festivos especiales, mantenga su casa abierta para aquellos que no tengan otro lugar a donde ir.

Adopte a una persona mayor o una pareja para que sean unos abuelos adicionales o sustitutos.

Invite a otros a compartir su estilo de vida, sus planes y las decisiones principales. Forme un grupo pequeño que esté comprometido con usted como familia, así como con los otros adultos del grupo. Ayúdense los unos a los otros a criar a sus hijos. (En el capítulo 5 hablaremos más sobre esto).

Responde con gracia cuando tus hijos se porten mal

Nuestros hijos crecen en un mundo cada vez más complejo y precario, lleno de expectativas y programas que a veces resultan impracticables. Por lo tanto, existen grandes posibilidades de que su hijo «se pase de la raya» o algunos de nuestros chicos crucen los límites de un salto. ¿Qué hacer en esos casos?

Actúe con compasión. Cuando nuestros hijos pasan por una etapa difícil, ya sea por circunstancias que se salen de su control o las elecciones que hacen, lo que más necesitan de nosotros es una gentil estabilidad y compasión. Independientemente de la ofensa —ya se trate de una mala nota o de que hayan sido detenidos— bajo la retórica o incluso en medio de un arrebato directo, su hijo no está intentando lastimarlo. Aun en las situaciones más notorias, recuerde que en el fondo están sufriendo y necesitan que se preocupe por ellos. Así como Jesús lo hace en todas nuestras aflicciones, también nosotros somos dispensadores de su gracia.

No entre en pánico. Como progenitor se enfrentará a pocas cosas que resulten incorregibles, por muy grandes que sean. Sin importar la circunstancia, sentirse exageradamente turbado o ponerse sensible, sobre todo a la vista de su hijo (o donde él pueda escucharlo) no hará más que aumentar su sentido de temor, miedo y vergüenza. Podemos tomar en serio las palabras de Pablo: «No se pongan nerviosos ni se inquieten. Deje que sus peticiones y oraciones se conviertan en oraciones, permitiendo que Dios conozca sus aflicciones. Antes de que se dé cuenta, sentirá que todo confluye para bien, y la plenitud de Dios vendrá y lo apaciguará. Es maravilloso lo que ocurre cuando Cristo despeja el centro de su vida de toda preocupación» (Filipenses 4:6-7; traducido de la versión en inglés *The Message*).

Tenga una visión a largo plazo. La máxima esperanza que es parte integrante de nuestra confianza en Dios radica en que a la larga la misericordia de Dios vencerá. Es posible que durante meses, o quizás años, no veamos las cosas ni las experimentemos de la forma exacta que queremos. Sin embargo, confiar en Cristo significa que creemos que él está obrando, trayendo sanidad y redención aun en las circunstancias más desesperadas. Ser padres es una maratón, pero a medida que depositamos nuestra confianza en Cristo, se nos ofrece el don de la esperanza.

UNAS CUANTAS NOTAS FINALES

En este capítulo hicimos la distinción entre un evangelio de la administración del pecado, que se basa en el desempeño, y una fe sólida, que procede de confiar en que Jesús nos dirige, nos guía y nos cambia de adentro hacia afuera. Al presentar nuestro punto no afirmamos que confiar en Jesús en lo que respecta a nuestra vida sea algo fácil de entender. Existe mucho misterio implicado en la forma en que Dios obra en nuestro interior por medio del Espíritu Santo. Algunas veces apenas nos lo podemos imaginar nosotros mismos, y mucho menos enseñárselo a nuestros hijos. Necesitamos la ayuda de Dios para saber cómo encajar todo esto. Y en esta verdad radica nuestra esperanza.

El mayor regalo que puede hacerles a sus hijos es dejarles ver que lucha y pelea por vivir toda una vida llena de confianza en Dios. Al vivir su fe con confianza, su vida jamás será estática, anticuada o aburrida. Se sentirá decepcionado, desalentado y quizás hasta un tanto vapuleado algunas veces. Es probable que incluso llegue a preguntarse si un tipo de vida semejante merece realmente la pena. Sin embargo, cuando se aferra fielmente al Dios que lo ha asido, la vida que vive y de la que es ejemplo se convertirá en un faro de esperanza y dirección que ninguna fe basada en la administración del pecado podrá esperar lograr. Cuando usted confía en el evangelio y el Señor que salva, su fe sólida ayudará a que sus hijos descubran la suya propia.

Reflexiones y preguntas para el debate

1. Dallas Willard describe «el evangelio de la administración del pecado» como algo que solo se ocupa del pecado y sus efectos, no de la vida real que vivimos. ¿De qué forma su fe no es más que una experiencia del evangelio de la administración del pecado?

2. ¿Cuál es el mayor obstáculo al que se enfrenta a la hora de ayudar a su hijo o hija a entender que el llamado primordial del cristiano consiste en confiar en Cristo? Describa en qué punto resulta ser un concepto difícil para usted y en qué coincide con lo que ya cree y practica.

3. Establecimos que «la obediencia es la respuesta a la confianza». ¿Por qué es mejor empezar por confiar y a continuación responder por medio de la obediencia? ¿Es bueno hacerlo a la inversa: obedecer primero y esperar que la confianza venga después? ¿Ha experimentado esto alguna vez en su viaje de fe? Si es así, ¿cómo fue y cuándo ocurrió?

4. ¿Cómo ve la fe de su hijo a la luz de este capítulo? ¿De qué forma los observa crecer en lo que significa confiar en Cristo y en qué áreas le parece que solo siguen los deberes y las prohibiciones del cristianismo?

3

Una identidad inalterable

Escuché exclamar a alguien: «La cerca se ha derribado», y con esto se estaban refiriendo a la escuela, la familia, la iglesia y los amigos que una vez fueron una valla alrededor de ti y te decían: «Este es el tipo de persona que eres», o «Esto es lo que se te permite o se te prohíbe hacer», o «Esto es lo adecuado o lo inadecuado». Esa cerca se viene abajo tan pronto como entras a la universidad, y pude comprobarlo de manera instantánea. El primer día en el campus, tus padres se marchan, nadie te conoce [...] De repente me vi enfrentada a una situación en la que podría haber hecho una nueva creación de mí misma, como mejor me hubiera parecido, porque nadie habría podido saber si en realidad yo era así o de otro modo.
—Emily

Cuando comencé la universidad, era la persona que mis padres querían que fuese. Ahora siento que me he hallado a mí mismo.
—Max

Durante el verano del año 2010, la cadena MTV inauguró un *reality show* llamado *Si me conoces realmente*. Los productores viajaron a las escuelas secundarias de todo el país y les ofrecieron a los jóvenes la oportunidad de exponer su «yo real» ante sus compañeros y el mundo. Un episodio tras otro, los chicos «normales» —deportistas, estudiosos, reinas de belleza, payasos de la clase, y toda la gama de adolescentes estereotipados— les revelaron a las cámaras que aquello que parecían ser no representaba su verdadera personalidad. La parte más curiosa del espectáculo fue la desesperación con la que cada chico quería integrar y reconciliar su «yo real» con la «apariencia externa» que mostraban en la escuela. No quiero decir que no supieran quiénes eran, sino que tenían muchos «yo reales».

En sus esfuerzos por cautivar a sus espectadores adolescentes, la cadena MTV dedicó su espectáculo a una de las preguntas más insistentes que su hijo le hará al crecer: «¿Quién soy?». Esto es algo que obsesiona a todos los adolescentes, sobre todo durante la escuela secundaria y al principio de la universidad.

En mi trabajo (Chap) estudiando a los chicos, he recibido cientos de notas, poemas, cartas y canciones que expresan los pensamientos y sentimientos de los adolescentes. La mayoría de ellos reflejan los intentos que hacen los estudiantes por comprender quiénes son, qué quieren y lo que a veces necesitan ser. Como expresaba una de ellas: «Todos saben quién soy, y me lo repiten todo el tiempo. Mi madre sabe que soy un "buen chico". Mi padre dice que soy perezoso, aunque un atleta nato. Mis profesores opinan que soy inteligente, aunque no me preocupo demasiado por "vivir de acuerdo con mi potencial". Mis amigos piensan que soy divertido. Las chicas creen que soy tímido. Y yo estoy convencido de ser todo ello a la vez [...] y nada de todo eso. ¿Quién diablos soy? Soy todo para todo el mundo y nadie para mí».

Tus hijos e hijas no se preguntan de forma consciente «¿Quién voy a ser hoy?». Lo típico es que cuando van a clases, a comer, a hacer deporte o a salir los amigos de la iglesia, saben en su subconsciente que tienen que mostrar una identidad que encaje con las necesidades y las expectativas de los demás en ese entorno. La que tienen en la escuela puede ser muy distinta a la que esgrimen en la iglesia, que suele ser diametralmente opuesta a la que exhiben con sus amigos.

Esta presión por mostrar una manera de ser que puede alinearse o no con sus otras identidades resulta como mínimo agotadora y puede llegar a ser dolorosa. La mayoría de los padres tienen alguna que otra vez conocimiento de la frustración de su adolescente: «¡Ni siquiera me *conoces*!». Nuestros hijos no se conocen a sí mismos todavía, aunque lo desean con desesperación. Quieren saber acerca de su personalidad, sus dones, habilidades e intereses. De dónde han venido y hacia dónde van. A dónde pertenecen, a qué grupo, ciudad, carrera o relación íntima; lo que creen y la manera en que esto afecta a su vida. En resumen, están luchando por formar su identidad.

A medida que sus hijos van creciendo, su identidad evolucionará e irá tomando muchas expresiones distintas. Durante ese proceso, nosotros como padres podemos ayudar a inculcar una fe sólida siendo ejemplos y recordándoles a nuestros hijos que el mejor lugar donde pueden hallar el máximo sentido de sí mismos es en la respuesta del Señor a la insistente pregunta: «¿Quién soy yo?». Sin embargo, consideremos primeramente el arduo proceso de la formación de la identidad.

DESCUBRIMIENTOS NOTABLES

La formación de la identidad se ve afectada por el desarrollo del cerebro

El proceso de formar una identidad lleva años. Aunque existen algunas similitudes entre los que comienzan la adolescencia (entre los diez u once años y los catorce) y los que están prácticamente al final de ella (desde los catorce más o menos hasta los veinte años) la diferencia en la forma en que ellos piensan en cuanto a su identidad resulta bastante relevante[1]. Ahora sabemos que el cerebro funciona con la concreción de un niño a través de los primeros años de la adolescencia y comienza la abstracción de la adultez aproximadamente a la edad de los catorce (haciendo así el cambio del principio al final de este período). En otras palabras, mientras su abstraído hijo de dieciséis años es capaz de reunir una variedad de experiencias para resolver cómo va a tratar con un profesor polémico, su concreto chico de doce años apenas recordará que ha tenido clase de matemáticas esta mañana.

Hace años, los investigadores creían que la madurez social y cognitiva se alcanzaba al principio de los veinte años e incluso al final de la adolescencia. La comunidad académica de hoy coincide por lo general en que el desarrollo ha cambiado de forma tan extraordinaria a lo largo de los últimos años que los jóvenes no se establecen como adultos hasta la mitad o el final de sus veintitantos. En la actualidad contamos con una evidencia física, por ejemplo, de que la madurez cognitiva va en aumento: los estudios IRM (Imagen por Resonancia Magnética) revelan que el cerebro necesita diez años, entre los quince y los veinticinco años de edad, para completar el proceso y llegar a la plena adultez fisiológica[2].

Los científicos sociales tienden a creer que este largo proceso de desarrollo cerebral se ha modificado a lo largo del tiempo. En los siglos pasados, el paso del niño a la adultez tomaba menos tiempo en cualquier cultura. (En realidad, la adolescencia es una fase relativamente nueva de desarrollo, que solo se conoció hace unos cien años). Ahora sabemos que el proceso de descubrir y vivir una identidad personal integrada, o un sentido del yo que conduce a las decisiones, la moralidad y las elecciones en la vida, requiere más tiempo del que precisaba hace tan solo treinta años[3].

Para nosotros como padres, la graduación de la escuela secundaria suponía la oportunidad de poner en práctica nuestra emergente individualidad: nuestras ideas, nuestros sueños y nuestros planes. En comparación, a muchos de los que se gradúan cuando se hallan en la mitad de los veintitantos les resulta difícil decidir lo que quieren hacer, y más aún lo que son. En términos de identidad e independencia adulta, el desarrollo de los que en la actualidad tienen veintitrés años equivale al de alguien que, en 1980, contaba con diecisiete años de edad. Pocos eruditos debaten este punto, sin embargo, la sociedad y en respuesta el desarrollo humano están cambiando de manera tan rápida —desde el impacto de la tecnología hasta el sentido cada vez menor de una comunidad significativa— que los investigadores luchan por seguir el ritmo. Los padres necesitamos tener en mente que el mundo en el que crecen nuestros hijos es sumamente distinto de aquel en el que nosotros lo hicimos, y eso lo cambia todo para ellos.

> Para recursos adicionales sobre el desarrollo de la identidad, visite la página (en inglés) www.stickyfaith.org.

La formación de la identidad es un proceso largo y enrevesado

A principios de la adolescencia el pensamiento sigue siendo infantil y concreto, de modo que su hijo no pasará mucho tiempo reflexionando sobre su identidad personal. Es posible que el chico que cursa estudios intermedios pregunte de manera intuitiva con sus conductas y actitudes: «¿Quién soy?», aunque aún no sea consciente de ello. En esta etapa, las mayores necesidades de su hijo consisten en sentirse confirmado y rodeado de adultos seguros y amorosos, y en ver sus elecciones y su vida protegidas por los límites adecuados.

Alrededor del noveno grado, exactamente cuando el cerebro empieza a pasar del pensamiento concreto al abstracto y a la conciencia, su hijo mostrará expresiones de compromiso adulto e identidad materializada. Sin embargo, usted debe saber que también es posible que vea mucha conducta inmadura. Este es uno de los aspectos más confusos a la hora de criar a los adolescentes en la actualidad: algunas veces su hijo lo sorprenderá con una madurez como la de un adulto, y al mismo tiempo lo asombrará con una actitud o una conducta que demuestra totalmente lo contrario. He visto cómo mis hijos obtenían varias veces algunos logros de identidad, para volver a pasar por todo el proceso cuando llegaba una crisis. El proceso de desarrollar una identidad fuerte e integrada es largo y enrevesado en el mundo complejo y precario de hoy día, ya sea que esté lidiando con jefes o entrenadores, manejando dinero, o creyendo que si se ignoran las multas de aparcamiento estas desaparecerán. Como padres, nuestra tarea consiste en saber que toda esta conducta conflictiva, incoherente y confusa es en realidad la forma que nuestros hijos tienen de descubrir quiénes son y asumir los compromisos que los conduzcan a ser las personas que ellos desean.

Los estudiantes suelen dejar a un lado su fe durante un tiempo

En sus entrevistas a ciento veinticinco estudiantes en la transición de la escuela secundaria a la universidad, el sociólogo Tim Clydesdale descubrió que la mayoría de los alumnos universitarios de primer año se sienten abrumados por lo que definen como «la administración de la vida cotidiana», es decir, compaginar los estudios con las redes sociales (amigos, figuras de autoridad, compañeros sentimentales)[4]. Clydesdale observa que, en lugar de sumergirse de lleno en dilucidar quiénes son, cuando ingresan a la universidad los estudiantes dejan en reserva algunas partes importantes de sí mismos (esto suele incluir su identidad espiritual, aunque no se limita a ella) en una especie de «caja con llave». La vida universitaria consiste, sencillamente, en una serie de acontecimientos desconectados, sin vínculo con la verdadera identidad y sin respeto por los compromisos anteriores, incluida la fe[5]. Aunque el estudio de Clydesdale se centraba principalmente en la transición de la escuela secundaria a la universidad, una observación similar podría aplicarse también a los chicos mayores de la secundaria.

Varios de los estudiantes entrevistados por el Instituto de la Juventud Fuller reconocieron que habían puesto su fe en espera cuando entraron a la universidad para poder «disfrutar de la vida universitaria». Si lo traducimos, esto significa *fiestas*. A pesar de ello, cuando se les preguntó si habían dejado a un lado su fe, unos pocos señalaron la incoherencia de todo aquello. «Sé que no tiene sentido. Si me deshago de Dios durante cuatro años para poder divertirme, ¿por qué lo volvería a buscar? Es evidente que no considero que merezca la pena, ya que es lo primero que sacrifico. Quiero decir, estamos hablando de Dios, ¿no?». Sí, así es.

Buscamos coherencia y crecimiento, por lo tanto, cuando vemos que nuestros hijos dejan a un lado su fe, podemos sentirnos

como si los estuviéramos perdiendo. No obstante, debemos
recordar que la formación de
la identidad y la fe es un proceso desordenado que implica
«dos pasos hacia delante y uno
hacia atrás». En realidad, mis
propios hijos, que ahora tienen
veintitantos años, no han acabado del todo con sus historias
de «adolescentes que van hacia
la adultez». Es cierto que cada
uno de ellos ha alcanzado ciertos niveles de compromiso en lo
que respecta a varios aspectos
de su identidad. No obstante, al

> *Pienso que no tengo tiempo de ir más a la iglesia porque usualmente estoy muy ocupada. Sin embargo, aún está presente en el fondo de mi mente. Es solo que en realidad no tengo tiempo de ir.*
> —Gabbi

mismo tiempo las circunstancias de la vida y el hecho de crecer en
la cultura actual pueden echar por tierra —durante una temporada
o por más tiempo— unos compromisos firmemente mantenidos.
Algunas veces esto resulta descorazonador para nosotros como padres, pero por encima de todo nuestro compromiso ha consistido
en aferrarnos a la verdad de que cada una de sus historias es única.

Educar como padres no es apto para cardíacos ni para los que
prefieren la comida rápida a la verdadera. Con frecuencia, lo que
vemos resulta alentador e incluso estimulante, pero también existen momentos en los que la jornada de nuestros hijos es incierta y
resbaladiza, y deseamos con ansias inmiscuirnos y tratarlos como
si tuvieran diez años. Cuando llegue a esta etapa, lo mejor que
puedes hacer por tu hijo es estar disponible y ser consecuente. (De-
sarrollaremos esto de forma más amplia en el capítulo 8).

LA FE SÓLIDA LLEVADA A LA PRÁCTICA

A estas alturas te podrías estar preguntando qué tiene que ver
el desarrollo de la identidad con un libro sobre una fe sólida.

Pues todo, porque lo que somos como personas y nuestra forma de crecer basándonos en el sentido de nuestra identidad están
directamente relacionados con nuestro viaje espiritual. Para ayudar

a nuestros hijos a desarrollar una fe sólida, nuestra primera tarea consiste en entender el proceso que atraviesan al intentar descubrir quiénes son, para crear después el ambiente que apoye este descubrimiento y el paso de compromiso.

Recuerde que su hijo es una amada creación de Dios

Henri J. M. Nouwen, un escritor espiritual muy querido y profesor de consejería pastoral, debatió extensamente sobre la espiritualidad de la identidad. Durante un corto retiro al que tuvimos el privilegio de asistir, Nouwen hizo la reflexión de que todas las personas se ven acosadas por una única pregunta a lo largo de su vida: «¿Quién soy?». Sobre una pequeña pizarra blanca enumeró tres formas en las que intentamos responder a esa pregunta:

«Soy lo que hago».

«Soy lo que controlo».

«Soy lo que otros opinan sobre mí».

Todas estas respuestas resultan inadecuadas, e incluso destructivas, tanto para nosotros como para nuestros hijos. Si soy un padre sincero, el desempeño de nuestro hijo (lo que hayan hecho y cuán bien lo hicieron) y el modo en que lo describamos nosotros y los demás, habrá formado su sentido de identidad. Esto no significa que tener éxito y sentirse realizado esté mal, sino que no les hacemos ningún favor cuando estas cosas se convierten en el protocolo principal para descubrir quiénes son.

Para Nouwen, la respuesta a la única pregunta de primordial importancia que afecta a toda la humanidad, «¿Quién soy?», es el mensaje de Jesús y la Biblia[6]. Su hijo ha sido creado, redimido y llamado a vivir como un hijo precioso y amado de Dios.

Su hijo puede ser bueno en muchas cosas y darle grandes alegrías a medida que su personalidad se va desarrollando. Su hija puede demostrar ser una promesa asombrosa mientras la ve crecer y convertirse en una joven mujer con mucho que ofrecer al mundo. No obstante, debajo de sus dones, talentos y habilidades, todos y cada uno de los chicos son más que la suma de sus capacidades y su personalidad. En lo más profundo, cada uno es un amado hijo de Dios.

Mi esposa y yo tuvimos nuestro primer contacto con los escritos de Nouwen cuando nuestros hijos eran aún bastante jóvenes: diez, siete y cuatro años. Desde ese momento, hemos hecho todo lo posible por recordarnos a nosotros mismos y a ellos que individualmente son un profundo regalo de Dios y que nosotros somos, en cierto modo, dispensadores defectuosos de su gracia para ellos[7].

Trate a cada hijo de forma individual

Cada uno de nuestros hijos, como los suyos, es diferente. A uno le gustaba el fútbol cuando era pequeño y otro lo intentó por un tiempo, pero cambió rápidamente a otros deportes. A uno le gustaba el baile y otro quiso ser músico. Durante una temporada, uno luchó contra una discapacidad transitoria en el aprendizaje, otro se destacó como un niño brillante, mientras que el otro solo fue un buen estudiante por naturaleza.

Uno de ellos se metió en líos… en muchos. Otro en menos, aunque fue más duro consigo mismo de lo que jamás podríamos haberlo sido, y otro se mostró más bien complaciente y procuró la paz por encima de todo. Uno se sentía contrariado y se aislaba cuando estaba triste, otro se apartaba y se quedaba observando el cielo durante horas, y el otro guardaba silencio y se quedaba cerca. Uno se enfadaba en pocos segundos, otro evitaba el conflicto y se ponía a la defensiva, y el otro se tomaba un tiempo para aprender a dar su opinión. Todos son divertidos. De verdad que sí.

Hoy, la fe de uno es un viaje directo de compromiso y servicio, otro se está asentando en los brazos del Señor, y el otro ve la vida de un modo distinto, pero «sigue aferrado a Jesús».

¿Quiénes son nuestros hijos? Con frecuencia nos hacemos esta pregunta. Sin embargo, conocemos la respuesta. Ninguno de nuestros chicos se define por lo que hace, lo que controla, o lo que se le da bien, ni tampoco por lo que otros dicen la mayor parte del tiempo (por duro que sea esto último). Cada hijo es un individuo amado, creado y conocido por Dios mismo.

Utilice a su comunidad para desarrollar la identidad personal

El concepto de identidad incluye tanto una dimensión personal «en qué me veo distinto a los demás» como una dimensión comunitaria «quién soy en relación con los demás». Nuestra cultura demasiado a menudo se centra solamente en nuestro sentido de la identidad, en quién *yo* deseo ser. A la hora de construir una fe bíblica sólida, lo que procuro ser debe estar por encima de mí mismo y mis sueños. Una fe rica y sostenible reconoce que mientras caminamos en comunión con el pueblo de Dios, a la larga descubriremos quiénes somos.

Aun antes de tener hijos, Dee y yo nos comprometimos con un puñado de amigos a caminar juntos por la vida. Este ha sido un aspecto importante y vigorizante de nuestro viaje durante los pasados treinta y tantos años. En cualquiera de los grupos pequeños de los que hemos formado parte, siempre invitamos a los hijos de los participantes a que consideraran que este era su grupo también.

Cuando uno de los chicos de nuestro grupo tenía un partido, por ejemplo, todos asistíamos. Si era el cumpleaños de alguno de ellos, al menos le enviábamos un correo electrónico, lo llamábamos, o le hacíamos un pequeño regalo. En la boda de la hija de alguno de nuestro círculo, todos sentíamos que la entregábamos a su marido. (¡Por suerte no teníamos que ayudar en los gastos, pero podríamos haberlo hecho!). Uno de nuestros hijos sirve en un ministerio paraeclesiástico que recauda fondos para su propio sostén y estos amigos son su mayor respaldo. No obstante, lo más importante es que ellos son también son sus mejores admiradores.

Usted puede edificar una comunidad cristiana alrededor de sus hijos de muchas maneras. Algunas familias tienen parientes que viven cerca de ellos y que en muchos casos les brindan gran apoyo y fortaleza a los niños. Quizás forme parte de una escuela basada en la fe o pública, o de una organización de vecinos. Su iglesia y sus amigos también pueden establecer lazos en cuanto a la crianza. Se trata de construir un «capital social» en la vida de su hijo, una red de creyentes comprensivos que orarán por él, serán sus mentores y traerán bendición con su presencia durante el transcurso de su vida. (Puede hallar más información sobre esto en el capítulo 5, «Una red de relaciones consolidada»).

Finalmente, hágales un favor a sus hijos y explore con ellos la forma en que su familia los ha moldeado, tanto en lo que concierne a su ambiente como en el aspecto genético. Esboce un árbol genealógico. Analice cómo sus antecedentes étnicos y religiosos han formado su identidad. Hable de los rasgos de su personalidad, sus intereses, y en qué se parecen a otras familias o difieren de ellas. Celebre las características positivas de su familia y señale sus problemas, pero no se detenga en ello: convierta en su objetivo invitar a sus hijos a que, mientras crecen, luchen apropiadamente con la forma en que tanto su familia extendida como la inmediata suelen enfrentar la vida. Mientras más abierto sea a la hora de explorar su identidad personal y comunitaria, y cuanto más aliente a la sinceridad y el diálogo en las cuestiones que puedan ser dolorosas en algunas ocasiones, más fácil le resultará a su hijo conseguir el vocabulario y la estructura para desarrollar su propia identidad.

Utilice rituales para reforzar la identidad

Centrar la identidad de su hijo o hija fundamentalmente en el hecho de ser un hijo de Dios puede parecer algo teórico o «espiritual», hasta el punto de ser un sinsentido tanto para ellos como para usted mismo. Limitarse a decirle a su hijo que es un hermoso regalo, amado y talentoso, puede no ser determinante cuando se halle ante los mensajes (unos buenos y la mayoría no tanto) con los que se enfrenta cada día. Desplazar los mitos y las mentiras sobre su identidad del centro del escenario requiere una comunicación más firme y experiencias compartidas.

Así que utilice rituales.

La palabra ritual puede evocar alguna práctica antigua e inusual, como cantar a la luz de una vela. Sin embargo, un ritual no es más que una costumbre social, o incluso la manera normal de ocuparse de algo, que proporciona comodidad, regularidad e incluso tradiciones. La forma en que usted celebra la Navidad, por ejemplo, está llena de rituales. Lo que sucede cuando comemos juntos, nos preparamos para un gran acontecimiento, o visitamos a nuestros familiares, conlleva elementos rituales que ayudan a que todos recuerden que somos una comunidad con sus propias reglas, normas y costumbres.

Los rituales saludables pueden incluir actividades diarias y celebraciones anuales. A continuación sugerimos algunas formas de incorporarlos a su vida familiar.

Después de la escuela, durante la cena o a la hora de acostarse, pase unos cuantos minutos informándose sobre el día que ha tenido su hijo. Centre la conversación en cómo se han sentido, cuándo les pareció que podían ser ellos mismos y qué les impidió hacerlo en otros momentos.

Celebre cada cumpleaños, aniversario, el primer día de clases, el inicio de la liga de fútbol de Notre Dame —cualquier cosa que le proporcione una excusa para festejar— de un modo que vaya mucho más allá de lo «razonable». Decore con prodigalidad: velas, serpentinas, globos, carteles. Prepare una comida favorita que se corresponda con la celebración. (Para nosotros es un festín de panqueques a las seis de la mañana cuando celebramos un cumpleaños, y para los grandes acontecimientos deportivos o las películas divertidas, una *fondue*).

En cada cumpleaños, cuando se reúnan para comer, que cada persona eleve una oración de gratitud a la hora de bendecir la mesa por el regalo único que representa el cumpleañero. Continúen con una bendición específica que confirme de forma adecuada el carácter y el lugar de esa persona en la familia.

Convierta en una costumbre arropar a su hijo en la cama, aun durante su etapa en la escuela secundaria (si es que lo deja). Cuando le dé el beso de las buenas noches, ore con y por él. En su oración, déle gracias al Señor por haberle permitido conocer y amar a esa criatura de Dios.

> Para más ideas sobre rituales que pueda intentar con sus hijos, visite la página (en inglés) www.stickyfaith.org.

Ayude a sus hijos a crecer a través de las dificultades

Como padres, lo último que deseamos es que nuestros hijos experimenten dolor. Sin embargo, como escribe Pablo en Romanos 5:3-4: «El sufrimiento produce perseverancia; la perseverancia, entereza de carácter; la entereza de carácter, esperanza». Me gustaría que no fuera de esta manera, pero el sufrimiento es una de las principales vías que Dios utiliza para el crecimiento y la formación de la identidad.

Podemos ayudar a nuestros hijos e hijas buscando sucesos «detonantes» que podrían crear crisis que condujeran al crecimiento, como la pérdida de un ser querido, una discusión con un amigo, o ciertas dificultades en la escuela. Está claro que no todos los problemas son importantes (o nos parecen importantes a nosotros como adultos); algunos son relativamente menores, tales como nuevas preguntas acerca de su fe, nuevos patrones de malas conductas, o un programa sobrecargado. Cualquier experiencia que su hijo tenga con las tensiones y presiones de la vida puede resultar muy valiosa para ayudarlo a luchar de forma más profunda con la identidad que Dios le ha dado.

Nuestros hijos no crecen cuando nos alzamos como porteros de fútbol para impedir que el dolor entre en la red de sus vidas, sino cuando estamos presentes y los escuchamos con cuidado en los momentos en que se sienten golpeados, confusos y derrotados.

Las investigaciones señalan que, además de escucharlos con atención, es importante que les demos apoyo a nuestros hijos a la vez que los retamos a crear el entorno óptimo para su crecimiento. El psicólogo del desarrollo de Harvard, Robert Kegan, hace un buen resumen de todo esto: «Se crece mejor cuando se experimenta una constante e ingeniosa mezcla de apoyo y desafío; el resto son comentarios. Los entornos que se inclinan demasiado hacia el desafío son tóxicos. Hacen que los chicos se pongan a la defensiva y se sientan presionados. Los que tienden más hacia el apoyo acaban siendo aburridos; fomentan la desvitalización [...] El equilibrio entre el desafío y el apoyo conduce a un compromiso vital»[8].

Contar con el apoyo de unos padres comprensivos que no esconden el dolor y la lucha de sus hijos puede ayudarlos a navegar por las angustias y dificultades de la vida en un mundo quebrantado. En ocasiones puede parecer incómodo o arriesgado, como cuando luchamos con la realidad del cáncer o discutimos con un maestro injusto o vengativo. Sin embargo, debemos involucrar a nuestros hijos en una conversación y un diálogo sinceros, solicitando su opinión y su voz, sobre todo en esos tiempos de lucha. Si usted es honesto y abierto con cualquier cuestión de la vida o la fe, su hijo será mucho mejor pensador, por no decir teólogo.

Utilice las actividades extraescolares para explorar la identidad

Como padres utilizamos con demasiada frecuencia las actividades extraescolares, como los deportes o la música, con el fin de centrarnos en encontrar o desarrollar una habilidad particular. Sin embargo, deberíamos celebrar quiénes son nuestros hijos en medio de su participación más que sus logros y destrezas, o al menos hacerlo en la misma medida. Solía comprar batidos por un gol marcado hasta que nuestro segundo hijo, que tuvo un desarrollo más tardío, me comentó durante el trayecto a casa otra tarde sin goles: «Supongo que nunca conseguiré un batido, ¿no, papá?».

Todo niño necesita recibir aliento y saber que son valiosos y sus contribuciones resultan únicas. En los deportes tendemos a valorar solo aquellas cosas que se miden de inmediato: los goles marcados, los placajes realizados, etc. Sin embargo, felicitarlos por las pequeñas cosas como prestarle atención al entrenador, practicar en casa y ser amigos de otros niños, independientemente del lugar que ocupen en la «escala de estrellas», servirá para que vean que las cuestiones más profundas del carácter son las más importantes.

Enfóquese en las metas personales al ayudar a su hijo a definir su éxito mediante el compromiso y el esfuerzo. La clave consiste en asegurar que se persigan los objetivos de su hijo en lugar de los suyos. He hablado con una veintena de estudiantes de la escuela secundaria que siguen resentidos porque sus padres los presionan constantemente a alcanzar «su potencial», cuando ellos solo pretenden divertirse con sus amigos.

Sea ejemplo y enséñeles a tener carácter, como por ejemplo a amar a los enemigos (o adversarios), sufrir por el bien de los demás, y dejar que otros se lleven el crédito y las oportunidades antes que ellos.

Utilice las relaciones sociales que se desarrollan por medio de los deportes o actividades para acompañar a otras familias, amarlas y servirles.

Trate cada deporte o cualquier otra actividad como una oportunidad en la cual utilizar sus dones, pasiones, talentos y relaciones para los propósitos del reino de Dios.

Afirme el crecimiento del carácter por encima del logro académico

Como en los deportes, celebre y afirme el desarrollo del carácter por encima del logro académico (como ser ejemplo y mostrar respeto por los demás, sobre todo en el caso de los adultos y aquellos compañeros que los demás rehúyen).

Cree un ambiente que considere los logros académicos como un don que permite vislumbrar lo que Dios tiene reservado para su hijo, en lugar de desconectarlo de los requerimientos del «mundo real». Enfóquese en las tareas escolares, los exámenes y proyectos como formas alentadoras y capacitadores de explorar la manera en que Dios ha hecho a su hijo.

Cada semestre, establezca metas académicas realistas con su hijo y elaboren un plan con el que ambos estén de acuerdo (incluida la hora para hacer las tareas escolares, el tiempo que pasará en la computadora o viendo televisión, los objetivos semanales y mensuales, etc.). Cada semana compruebe y valore qué está funcionando y qué no. Cuando tengan dificultades, altere el plan: contrate a un tutor, establezca un grupo de estudio, lleve a cabo deberes de «adulto» junto a ellos mientras hacen sus tareas escolares.

Como mayordomo de un hijo amado de Dios, ayude a su hijo a hacer lo que tan difícil resulta para la mayoría de nosotros los adultos: hallar el equilibrio en la vida. En medio de las exigencias y los horarios de la escuela, las actividades, las ocupaciones generales y la iglesia, ayude a su hijo a organizar el tiempo para atender sus asuntos. La mayoría de nosotros llenamos el calendario detallando actividad por actividad en lugar de hacerlo de forma proactiva, con antelación, tomando las decisiones que aseguren lo mejor para la familia y cada hijo. Su objetivo consiste en entrenar a su hijo para que vea la vida como una aventura total y relacionada, no como una carrera frenética de una expectativa y un programa a otro.

Sea ejemplo de una relación con Dios

Sea un ejemplo para su hijo de que, más que una mera cosmovisión o forma de vida, el cristianismo es antes que nada una relación íntima con el Padre. Recuérdele que al final nosotros los padres también somos hijos de Dios como ellos, por lo tanto, él es el Padre de toda la familia.

Debata, considere y tome todas las decisiones en base a lo que significa vivir la vida de alguien bienamado, incluyendo lo que tiene que ver con el dinero, la política, las amistades y la forma de tratar al prójimo.

Cuando su hijo falle o se sienta decepcionado, sea un ejemplo de ternura que comunique que Dios lo entiende y a su tiempo lo levantará. Vivir como hijo amado de Dios no significa que no habrá dolor ni sufrimiento, pero si los alienta con amabilidad, podrán saber que Dios tiene un propósito y una trayectoria única y buena para ellos.

UNAS CUANTAS NOTAS FINALES

La parte más difícil de escribir un libro como este, sobre todo en lo que se refiere a un proceso tan largo y arduo como la formación de la identidad, es la cantidad de misterio que implica. No existen fórmulas para que nuestros hijos decidan y descubran quiénes desean llegar a ser. Ser padre hoy es por otro lado una tarea retadora, intimidante y vigorizante.

La fe sólida no es una fe que evita luchar e incluso las temporadas de descanso. Una fe sólida le da a nuestros hijos lo mejor que puede ofrecer mientras descubren quiénes son como persona, en comunidad y en Cristo. Cada uno de nuestros hijos es una obra maestra única, creada por la poderosa mano de Dios, amado por él y, por lo tanto, llamado a pertenecer y servir a este Rey mientras tenga aliento. Independientemente de cómo ellos actúen, luchen o nos hagan sentir orgullosos, esto es lo que son como individuos: hijos amados de Dios.

Reflexiones y preguntas para el debate

1. ¿Cuáles son algunas de las formas en que define su crecimiento? ¿Cómo le ayudaron mientras iba haciéndose mayor? ¿En qué lo perjudicaron?

2. Mencione las tres respuestas de Nouwen a la pregunta: «¿Quién soy?». ¿En cuál de ellas confiaría más? Describe cómo se vería y sentiría al respecto. ¿En cuál confiaría su hijo? ¿Qué le parecería?

3. En una escala del uno al siete, siendo el uno fácil y el siete no tan fácil, ¿qué dificultad tiene para verse como un hijo amado de Dios? ¿Cómo sería para su hijo? Describe lo que quiere decir.

4. Enumere algunas formas en que puede enfatizar quién es su hijo (un hijo amado de Dios) en lugar de lo que hace. ¿De qué modo cambiaría este énfasis su enfoque en cuanto a las actividades extraescolares y los logros académicos de su hijo?

Conversaciones sobre la fe sólida

Mi madre ha estado enferma la mayor parte de mi vida, pero he visto la fuerza de su fe, su amor por el Señor, y su confianza en que él lo controla todo y le dará la fortaleza que necesita cada día. Con solo observarla me ha influenciado de manera asombrosa.
—Selena

Aunque mi madre estuvo trabajando en la iglesia durante un tiempo como encargada del ministerio de música [...] no hablábamos de la fe en casa. Seguimos sin hacerlo.
—Anthony

Imagine que instaláramos un micrófono en su casa.

Da miedo. Lo sabemos.

Imagine también que grabáramos las conversaciones de su familia durante toda una semana.

¿Cuál sería el tema número uno de discusión? Supongo que los problemas logísticos, como que su hija le pida que la lleve a la tienda de arte para comprar lo que necesita a fin de acabar su proyecto de la escuela y que su hijo le pregunte cuándo puede venir su amigo a lanzar algunas canastas.

¿Qué porcentaje de sus conversaciones mencionarían explícitamente a Dios o tendrían una relación manifiesta con su fe? ¿Qué cree?

¿Cómo se siente por sus respuestas?

Por una parte, están aquellos de nosotros que callan por completo en lo que se refiere a discusiones que puedan implicar mencionar a Dios o la fe. Por otra parte, se encuentran los que hablan sin parar, hasta el punto quizás de aburrir y alienar a nuestros hijos. Entre estos dos extremos, ¿cómo encontrar el terreno medio de las conversaciones auténticas y orgánicas sobre la fe?

Cuando hablo (Kara) con algunos padres sobre el fruto que surge al discutir los asuntos de la fe como familia, lo típico es que alguno me interrumpa diciendo que cree en vivir su fe delante de sus hijos en lugar de limitarse a hablar de ella.

Como dijimos en las páginas anteriores de este libro, es mucho más importante lo que usted sea como progenitor que lo que diga. Si tuviera que elegir entre vivir mi fe o hablar de ella delante de mis hijos, siempre escogería lo primero.

Sin embargo, no tengo que hacerlo, ni usted tampoco. Podemos realizar ambas cosas.

Aunque sabemos que las acciones dicen más que las palabras, estas también importan. Entonces, ¿cómo puede asegurarse de crear un estilo y un programa que anime a conversaciones que fomenten la fe sólida? Mucho más importante que cualquier micrófono que colocáramos (no se preocupe, no sabemos dónde vive), es el hecho de que sus hijos oyen y aprenden de la forma en que usted habla —o no habla— de su fe.

DESCUBRIMIENTOS NOTABLES

La mayoría de los padres no hablan de la fe con sus hijos

En el Seminario Fuller sentimos gran respeto y afecto por el Instituto de Investigación, un centro compañero dedicado a ayudar a familias, escuelas y niños a convertir el mundo en un lugar mejor para los pequeños. Según el estudio realizado a nivel nacional a unos once mil adolescentes de quinientas sesenta y una congregaciones pertenecientes a seis denominaciones, el doce por ciento de los jóvenes mantiene un diálogo regular con su madre sobre la fe o las cuestiones de la vida[1]. En otras palabras, solo uno de cada ocho lo hacen.

En el caso de los padres la cifra es mucho menor. Uno de cada veinte chicos, o el cinco por ciento, conversa con regularidad sobre estos temas con su progenitor.

He aquí una interesante estadística adicional: aproximadamente el nueve por ciento de los adolescentes se involucra en una lectura sistemática de la Biblia y los devocionales familiares. Vemos, pues, que ni siquiera uno de cada diez examina las Escrituras con sus padres. En lo relativo a la fe, la madre suele ser la voz cantante en el hogar.

Los estudiantes cuyos padres hablan de la fe poseen una fe más sólida

El relativamente pequeño grupo de padres que hablan con sus hijos sobre la fe tiende a no formularles preguntas a sus hijos del tipo:

¿Sobre qué hablaron hoy en la iglesia?
¿Qué tal el grupo de jóvenes hoy?
¿Qué te pareció el sermón?

Dependiendo de la personalidad y el ánimo de su hijo, por lo general las respuestas suelen ir desde un sonido inarticulado a un «como siempre», algo que no le satisface a usted ni a su hijo.

Nuestras investigaciones muestran que hacer preguntas puede dar buenos resultados. Sin embargo, que comparta sobre su propia fe es igual de vital para alcanzar una fe sólida. En otras palabras, no se limite a entrevistar a sus hijos, sino hable de su propio viaje espiritual con todos sus altibajos.

Los padres cristianos tienden a evitar las cuestiones delicadas

Parte de la razón por la cual los estudiantes permanecen en silencio es porque los adultos que integran su vida no saben cómo hablar de cuestiones difíciles (quizás por temor o debido a que están demasiado ocupados). Lo más probable es que tengamos una lista de asuntos a evitar con nuestros hijos.

Y el sexo se encuentra con toda seguridad en ella. Dos tipos distintos de datos indican que mientras más importante es la religión para los padres (y no me refiero solo al cristianismo, sino también a otras creencias), más difícil les resulta hablar con sus hijos sobre sexo[2].

Me parece increíblemente irónico. Como seguidores de Cristo deberíamos estar siempre en la primera línea para conversar con ellos sobre este asunto, ya que sabemos que cuando se disfruta de la forma correcta, el sexo es un regalo fantástico de Dios. De alguna manera (y supongo que ocurre lo mismo con otras cuestiones polémicas) se les ha robado a nuestras familias los diálogos sanos, equilibrados y guiados por las Escrituras: el tipo de conversaciones que fomentan la fe sólida.

Los padres que hablan sobre las dudas ayudan a construir una fe sólida

Aunque con frecuencia se asume que dudar de nuestra fe es incorrecto e incluso pecaminoso, nuestra investigación aporta una perspectiva contraria. Al menos en nuestro estudio, los estudiantes que sienten la libertad y tienen la oportunidad de expresar sus dudas tienden a poseer una fe más sólida[3].

Desafortunadamente, aquellos que están experimentando dudas a menudo suelen guardar silencio. Menos de la mitad de los estudiantes encuestados comparten sus dudas y luchas con los adultos o amigos.

Cuando les pedimos a los universitarios que reflexionaran sobre las dudas que recordaran haber tenido durante la escuela secundaria, he aquí algunos ejemplos de lo que dijeron (en orden aleatorio).

➡ Si Dios seguiría amándolos después de haber practicado sexo.

➡ Si valían para algo.

➡ Si Dios existía en realidad.

➡ Si Dios era real y los perdonaría por todo lo malo que habían hecho y seguían haciendo.

➡ Por qué permitía Dios que ocurrieran cosas terribles si era tan amoroso y sensible.

➡ Por qué se sentían incapaces de escuchar a Dios.

➡ Si la homosexualidad es en verdad algo tan malo.

➡ Si los que no son cristianos van realmente al infierno, aunque sean buenas personas.

Las respuestas antes mencionadas, así como las del resto de los universitarios, tienden a agruparse en cuatro categorías.

1. ¿Existe Dios?
2. ¿Me ama Dios?
3. ¿Estoy viviendo la vida que Dios quiere?
4. ¿Es el cristianismo el camino verdadero y único a Dios?

Estas son preguntas buenas y sinceras. Si nuestros hijos no pueden expresarlas por lo difíciles que resultan, es posible que se enconen internamente y se vuelvan tóxicas. Ya sea que las dudas de nuestros hijos estén causadas por un escepticismo posmoderno de la verdad universal, un miembro específico de la facultad, un estudiante que cuestione directamente la validez del cristianismo, o sus propias interrogantes legítimas sobre Dios y las Escrituras, nuestra investigación muestra que ventilarlas en un entorno seguro, amoroso y favorable ayuda a desarrollar una fe sólida.

> Mi padre ha sido siempre alguien al que he podido recurrir para las preguntas teológicas y cuando he tenido dudas, problemas o preguntas sobre lo que leo en las Escrituras.
> —Soung

Los estudiantes con una fe sólida tienen padres que estimulan el pensamiento individual

Una buena conversación de fe no equivale a convencer a su hijo de que aquello que usted cree es lo mejor. Es probable que esto no le sorprenda, pero sus hijos no quieren que los persuada para que estén de acuerdo con usted. Y no solo no lo desean, sino que pueden rechazar su fe si lo intenta.

Los estudiantes de fe sólida suelen informar que, aunque sus padres les ofrecían sus opiniones, en última instancia les daban cierta libertad para llegar a sus propias conclusiones. Según comentó un estudiante: «Mis padres siempre han sido unas personas a las que les gustaba que aprendiera por mí mismo, comprendiera las experiencias de la vida y moldeara mi comprensión de quién es Dios [...] Una de las cosas que me parece más importante en la relación con mis padres es [...] que nos han permitido aprender y no han elegido por nosotros».

LA FE SÓLIDA LLEVADA A LA PRÁCTICA

Con cada tema de este libro —ya sea el evangelio que permanece, una identidad inalterable, o una red de relaciones consolidada— cada familia necesita descubrir lo que funciona mejor para ellos. No hay dos padres, dos hijos, ni dos familias iguales. A lo largo de este libro le damos algunas sugerencias que puede copiar o utilizar a modo de trampolín a fin de tener ideas que sean incluso mejor para los suyos.

Esto es quizás más importante aún cuando se refiere a las conversaciones sobre la fe sólida, ya que cada familia habla de la vida y la fe de un modo distinto.

Constaté (Kara) esta maravillosa diversidad un día después de haber mantenido tres reuniones por separado con tres padres diferentes que pertenecían a la misma iglesia. Cada uno de ellos tenía ideas espléndidas sobre cómo hablar con sus hijos sobre la fe, sugerencias que están incluidas en este capítulo. Sin embargo, ninguna de ellas coincidía. Cada uno de estos progenitores tenía el mismo destino en mente: entablar conversaciones saludables y sinceras con sus hijos, pero todos habían seguido un plan distinto para llegar a ello, uno que se adaptaba a las personalidades de los miembros de su familia y sus programas.

De modo que a medida que vaya leyendo este capítulo —y sobre todo cuando lo termine— diviértase elaborando su propio plan.

Proporcione espacio y tiempo para mantener conversaciones de calidad

Ya he mencionado que, para mí misma, ser madre es algo distinto cada día a causa de nuestra investigación. En el primer lugar de la larga fila de todo lo que he aprendido se encuentra el hecho de que mi esposo y yo necesitamos buscar el espacio y el tiempo para poder mantener conversaciones de calidad.

Observe que no he dicho «esperar» que el espacio surja por sí solo.

He afirmado que debemos «buscarlo» nosotros.

En medio de tareas como preparar la cena, escribir correos electrónicos y pensar en las reuniones del día siguiente (por lo general todo a la vez), resulta sumamente desafiante sacar tiempo para hablar de veras con mis hijos. Esto es algo en lo que fracaso todo el tiempo. Sin embargo, en cada oportunidad que no lo consigo, nuestras investigaciones me han inculcado una mayor determinación para intentarlo una y otra vez.

Es algo que ayuda a que nuestra familia logre encontrar un tiempo semanal para estar juntos, al cual le llamamos «Momento Powell». Algunas veces permanecemos los cinco juntos, aunque la mayoría de las ocasiones Dave se lleva a uno o dos de nuestros hijos y yo me quedo con el otro, o con los otros dos. Nos vamos alternando cada semana para que tanto Dave como yo podamos tener un tiempo con uno (o dos, ya que tenemos tres hijos) de nuestros chicos. Para ellos, el tiempo individual con nosotros es como el oro.

En esos momentos tenemos un doble objetivo: divertirnos y hablar. Por lo general se trata de una diversión barata, como jugar al tenis, dar una caminata o hacer galletas.

Luego, cuando nos sentamos y hablamos unos con otros, solemos hacerlo comiendo yogur helado o un batido de fruta. Hasta tenemos cuadernos de notas especiales para estas conversaciones, los cuales nuestros hijos escogieron en nuestro primer «Momento Powell». Como padres iniciamos la conversación formulándoles preguntas a Nathan, Krista o Jessica y anotando sus respuestas en sus diarios.

Dave y yo solemos hacer preguntas del tipo:

➡ ¿Qué dirían tus amigos que les gusta de ti?

➡ ¿Qué desearías que fuera distinto en nuestra familia?

➡ ¿Crees que nuestra familia está demasiado ocupada, no lo suficiente o en la justa medida?

➡ ¿Cómo te imaginas el mejor día de tu vida?

➡ ¿Qué te gusta de tu maestro en estos días?

➡ ¿Qué te gustaría que fuera distinto?

Debido a lo que hemos aprendido sobre la fe sólida, a continuación les damos a nuestros hijos la oportunidad de formularnos preguntas y escribimos nuestras respuestas. Suelen plantear cuestiones divertidas:

➡ ¿Cuál es tu postre favorito?

➡ ¿Qué haces todo el día en Fuller?

➡ ¿Qué deberíamos hacer durante el próximo Momento Powell?

Nuestros hijos son jóvenes, pero estamos intentando implantar la conversación sincera en el ADN de nuestra relación.

Aprenda a escuchar y formular preguntas, sin impartir una conferencia

A lo largo de nuestro proceso de investigación los padres nos han dicho una y otra vez que las mejores conversaciones con sus hijos tienen lugar en medio de la vida cotidiana, cuando van juntos en el auto y hablan sobre el entrenamiento de fútbol, o cuando están preocupados por encontrar una pareja para el baile de graduación. Estos tiempos de crisis o los detalles sobre los acontecimientos del día suelen ser el mejor trampolín para una conversación más profunda.

Aunque el tiempo de estas charlas se basa más en el ánimo de nuestro hijo que en cualquier otra cosa, usted interactúa mejor con ellos —cualquiera sea su humor o actitud— cuando aprende a escuchar y preguntar en lugar de impartir una conferencia.

Seamos sinceros: las conferencias de padres a hijos no han funcionado.

Dallas Willard, que acuñó la expresión «el evangelio de la administración del pecado», escribe en el mismo libro: «Pero ahora intentemos un pensamiento subversivo. Supongamos que nuestros fracasos ocurren, no a pesar de lo que estamos haciendo, sino precisamente debido a ello»[4]. Es posible que una de las principales razones por las que luchamos a fin de comunicarnos con nuestros hijos sea que lo hacemos mediante la conferencia.

Uno de los consejos más importantes que podemos darle en cuanto a la comunicación acerca de la fe sólida es el siguiente: no le explique nada a su hijo si en cambio puede formularle una pregunta.

¿Por qué es esto tan importante? Imagínese a usted y su hijo hablando sobre el sexo prematrimonial. ¿Sabe su hijo lo que piensa sobre ello? ¿Está al tanto de lo que querría decirle al respecto? Existen grandes probabilidades de que la respuesta a ambas preguntas sea «sí».

Al saber por adelantado lo que usted piensa y lo que les diría, cerrarán su mente en cuanto abra la boca. Un célebre psicólogo que también es padre contó recientemente que había tenido que hablar con su hijo de dieciséis años sobre una conducta que, en su opinión, debía cambiar. Tras exponer una larga lista bien razonada de motivos por los cuales el hijo debía modificar su actitud, este se encogió de hombros y replicó: «¿Has acabado ya?». Observe que la pregunta es «¿*Has* acabado ya?» en lugar de «¿*Hemos* acabado ya?».

Cree el lugar adecuado para una conversación positiva

Durante el transcurso de nuestras reuniones con los padres a nivel nacional, nuestro equipo de FYI quedó muy impresionado por la creatividad de los mismos a la hora de formular preguntas y crear lugares para una conversación positiva. Observamos que cuando los niños son más jóvenes, las «citas» programadas son bastante eficaces, ya que los hijos anhelarán saber cuándo van a ir a jugar minigolf o dar una caminata con uno de sus padres.

A medida que van creciendo, quizás cuando ya estén en la escuela secundaria, las citas programadas pueden parecer menos sinceras. Su hijo quizás no aprecie que haya tenido que hacer arreglos para poder pasar ese tiempo juntos. Aunque en realidad planifique esos momentos con antelación y los incluya en su propio programa, quizás no desee que ellos lo sepan. Cuando su hijo o hija entra en la adolescencia, la «espontaneidad planificada» suele ser más efectiva. Y esperamos que se lleve a cabo con ambos progenitores para que su hijo siga conectado a su madre o madrastra, y su hija tenga un tiempo de calidad con su padre o padrastro.

Hace un año conocí a Eileen, una madre de dos adolescentes que se relaciona muy bien con su hijo y su hija manteniéndose cerca de ellos cuando tienen el televisor encendido. Si los chicos no están mirando televisión con su madre, que por lo general permanece trabajando muy cerca en la oficina que tiene en casa, ella mantiene el oído aguzado a fin de oír las palabras o frases que llegan desde la sala donde está el televisor. Cuando percibe un anuncio o una escena con matices sexuales, enseguida formula preguntas como: «¿Qué creen que pretendía decir este anuncio?» o «¿Por qué piensan que están utilizando a una mujer en bikini para vender cera de autos?».

Si sus hijos están viendo un espectáculo de televisión con ella, el control remoto se mantiene en su poder. Durante las escenas que muestran algo que tiene que ver con el sexo, las drogas o el alcohol —o con cualquier tema polémico o provocativo— Eileen pulsa el botón de pausa, les hace preguntas a sus hijos, y luego suele compartir sus propios pensamientos.

Eileen ha descubierto que la televisión puede dar pie a un gran número de conversaciones sobre una amplia variedad de temas. Aprovecha programas cono *The Apprentice* [El aprendiz] y *The Office* [La oficina] para conversar con sus hijos acerca de la conducta adecuada en la oficina. Una de las pregunta que les hace a sus hijos es: «¿Qué debería haber hecho este personaje?».

Le pregunté a Eileen si los chicos ponían alguna vez mala cara ante sus preguntas y comentarios. «Claro que lo hacen algunas veces, pero en otras ocasiones mantenemos buenas conversaciones. De vez en cuando me repiten más tarde algo que he dicho. Como ocurre con todo aquel que está educando a sus hijos, planto semillas».

Un exitoso líder de negocios que conocí centra sus conversaciones a fin de plantar semillas en uno de sus principales valores: la sabiduría. Muchas de sus charlas con sus tres hijas giran en torno a ayudarlas a tomar mejores decisiones. Con frecuencia aprovecha el tiempo de la cena o cuando las lleva en el auto al entrenamiento de baloncesto para hablar con ellas del día que han tenido, manteniendo el oído atento a las decisiones que han tomado durante la jornada, las cuales van desde cómo han pasado el tiempo hasta sus interacciones con los amigos. Les pregunta por qué tomaron dichas decisiones y si volverían a actuar del mismo modo. Comparte con ellas las elecciones correctas y no tan acertadas que él mismo ha hecho. Tanto él como su esposa dirigen las conversaciones en esta dirección porque comparten el objetivo de enseñar a sus chicas a ser pensadoras independientes.

La dedicación de esfuerzo, tiempo y reflexiones a fin de mantener conversaciones con nuestros hijos no es algo que acaba cuando se gradúan de la escuela secundaria. Ayer hablé con Rowena, cuyo hijo, un estudiante universitario de primer año, vive en el campus de una universidad que está a treinta minutos de su casa. Cuando ella lo llama a su celular, él va hacia sus clases o de camino a almorzar, de modo que nunca parece disponer de mucho tiempo para hablar. Su malhumor ocasional tampoco ayuda mucho.

No obstante, sigue necesitando ir a que le corten el pelo. Le gusta el barbero que se ocupó de su cabello durante el tiempo pasado en la escuela secundaria. Por lo tanto, esta ocupada madre de tres hijos hace el esfuerzo de recogerlo cada mes para llevarlo a que le corten el pelo y traerlo de vuelta.

En un principio, su esposo objetó: «Esto es absurdo. Es un estudiante universitario. Puede ocuparse él mismo de ir a cortarse el pelo».

Sin embargo, Rowena le explicó entonces que hacía esto no por el corte de cabello, sino por los viajes de treinta minutos en auto que compartían a solas a fin de ir y volver del barbero. Durante esos momentos ella puede hacerse la idea de cómo le va a su hijo. Por ejemplo, una vez él le mencionó que había empezado a asistir a Campus Crusade. Jamás lo habría comentado durante sus cortas conversaciones a través del celular, pero el paseo de treinta minutos en auto le concedió tiempo para comentar sobre su vida.

No evite los asuntos espinosos

Ya sea en el auto o en cualquier otro lugar, sacar a colación los asuntos difíciles con nuestros hijos nunca resulta fácil. Cuando está preocupado por los actos de su adolescente, ¿cómo habla con él o ella de una manera que proporcione cierta dirección y límites, sin dejar de fomentar sus habilidades crecientes para tomar decisiones?

Uno de nuestros colegas en Fuller luchó con esta cuestión cuando su hijo de diecisiete años empezó a decir palabrotas. Muchas. Este padre concienzudo le preguntó a su hijo: «¿Crees que tu lenguaje esté acorde con la persona que quieres ser como seguidor de Jesús?». Esta simple pregunta abrió los ojos del chico y pudo constatar la distancia existente entre lo que quería ser y su forma de actuar, por lo que decidió dejar de hablar de ese modo.

Aunque tropiece y fracase en sus conversaciones sobre las cuestiones difíciles, merece la pena seguir intentándolo. Conocí a un padre que había decidido ser tan transparente como le fuera posible con sus hijos. Su esposa, Kathy, fue criada en una familia que hablaba de todo cuando ella era joven; bueno, de todo menos del sexo.

4. Conversaciones sobre la fe sólida

Cuando Kathy creció, acabó sintiendo que había muchas otras cosas de las que no podía hablar con su madre. Era como si el punto máximo al que su madre pudiera llegar sin sentirse incomoda cuando hablaban de sexo coincidiera con el punto máximo que Kathy podía alcanzar sin sentirse incómoda cuando hablaba con ella de otras cosas. En un tipo de piscina conversacional, la profundidad hasta la que la madre de Kathy llegaba en una charla sobre sexo establecía la profundidad suprema de su relación en general.

Aunque a veces haya estropeado las cosas y siga haciéndolo, quiero llegar tan hondo como me sea posible. ¿Usted no?

> *En especial en la escuela secundaria me enseñaban cómo tomar buenas decisiones. Me guiaban sin controlar realmente lo que hacía, algo así como: «Hablemos en profundidad sobre cómo tomar una buena decisión piadosa y cómo buscar la voluntad de Dios en todas las cosas».*
> —Annika

Recursos gratuitos para tener mejores conversaciones con sus hijos se encuentran a su disposición en la página (en inglés) www.stickyfaith.org.

Sea creativo si su hijo no quiere hablar con usted

Cuando comparto con los padres la importancia de mantener buenas conversaciones con sus hijos, alguno suele levantar tímidamente la mano y preguntar: «¿Qué ocurre cuando tu hijo no quiere hablar contigo?».

Todos los adolescentes pasan por temporadas en las que no

quieren hablar con sus padres. Lo único que varía es la duración y la intensidad de este período. Mientras más largo e intenso, más creativos deben ser los padres.

Una madre deseaba con desesperación tener conversaciones positivas con su hijo de dieciséis años, pero él no sentía el más mínimo interés por eso. Lo último que quería era perder tiempo conversando con ella.

Sin embargo, le gustaban las películas. De modo que esta madre proactiva empezó a examinar anuncios de películas para ver cuáles podrían resultar más interesantes de ver con su hijo y, con un poco de suerte, hablar de ella después. Cuando estos filmes llegaban a los cines, la mamá se ofrecía para llevar a su hijo. Él casi siempre aceptaba y solían mantener buenas conversaciones en el camino de regreso a casa.

Esta madre encontró una vía de conversación que parecía orgánica y natural, aunque en realidad había dedicado una buena cantidad de tiempo a la planificación. Recuerde, está trabajando para edificar una amistad que dure toda la vida, y la fe es y será una parte importante de eso. Dar un paseo, ir de compras de forma espontánea (sobre todo para los papás... ¡esto los convertirá en verdaderos vencedores!), llegar a casa más temprano para dar una vuelta en bicicleta, llevar a su hijo a jugar billar o ver un partido de su equipo favorito de béisbol, son formas de decirle a su hijo o hija lo importante que es para usted y cuánto lo valora como persona.

Además, no podemos suponer que solo porque nuestros hijos afirmen que no desean hablar con nosotros, eso es lo que quieren decir en realidad. Nunca olvidaré la historia que me contó Jin, una chica de diecisiete años bastante ruda, cuyo padre separado la había enviado a una escuela cristiana con la esperanza de que allí la «enderezaran». Ya sea porque sus amigas iban a asistir o porque se animó con «todo el asunto de Dios», Jin se apuntó para realizar un viaje misionero a Guatemala durante las vacaciones de primavera.

Ella terminó sentándose en el avión junto a Joe, el pastor de la escuela. Durante la primera hora, Jin mantuvo su ruda forma de ser. Se colocó los auriculares y la mayor parte del tiempo lo ignoró. Él intentó hacerle preguntas sobre su familia, pero ella resumió su relación con su padre con estas palabras: «Le pedí que me dejara en paz, y lo hizo».

Durante el viaje misionero, el Señor obró en Jin y la ablandó. Al final de la estancia, le confesó a Joe a través de sus lágrimas: «¡Ojalá mi padre no hubiera hecho lo que le pedí! ¡Desearía que no me hubiese dejado en paz!».

Yo también, Jin.

Comparta su propia fe

Como ya hemos observado, los chicos que tiene una fe sólida suelen tener padres que comparten su propio viaje espiritual con ellos. Sin embargo, cuando comente sus experiencias, por favor, asegúrese de no cruzar la línea y terminar dando una conferencia parental. (Muchos padres rebasan esa línea y cuando lo hacen, créame que las campanas de alarma de sus hijos se disparan).

A lo largo de este proceso de investigación acerca de una fe sólida, he podido darme cuenta de la cantidad de errores que he cometido como madre. Tomemos, por ejemplo, los devocionales de nuestra familia. Intentamos llevarlos a cabo cada fin de semana. Al menos en esta época en la que nuestros hijos se hallan en la escuela elemental, los devocionales familiares nos proporcionan un tiempo semanal establecido para centrarnos juntos en Dios. No obstante, para que no se haga demasiadas ilusiones, permítame decirle que suelen durar menos de seis minutos y si es un fin de semana demasiado ocupado o juegan los *Chargers*, es posible que no tengan lugar.

> Mis padres son muy conservadores y creen firmemente lo que dice la Biblia y [...] no se apartan de ello, pero también son muy abiertos [...] Si tengo una pregunta sobre algo o si cuestiono lo que la Biblia dice, no se enfadan por eso. Les gusta que lo haga.
> —Alex

Como tenemos tendencia a hacer nuestros devocionales el domingo, les preguntábamos a nuestros hijos uno por uno qué habían aprendido en la iglesia ese día. Luego leíamos y debatíamos un pasaje de las Escrituras (por lo general una historia), compartíamos peticiones de oración y orábamos los unos por los otros.

¿En qué nos equivocamos? Jamás compartimos lo que *nosotros* habíamos aprendido en la iglesia. Entrevistábamos a nuestros hijos en lugar de mantener una conversación con ellos. Gracias a nuestra investigación, ahora, cuando les pedimos a nuestros hijos que nos hablen de lo que han aprendido en la iglesia, comentamos también lo que hemos descubierto y experimentado. Después de todo, es bueno preguntarles a nuestros hijos sobre su vida y su fe. Sin embargo, basándonos en nuestras indagaciones, lo instamos a que se asegure de contestar a su vez esas interrogantes.

Las noches que nuestra familia cena junta tenemos la tradición de compartir nuestros altibajos del día. Y debido a lo que hemos aprendido sobre la fe sólida, hemos añadido una tercera pregunta: «¿De qué modo has visto a Dios trabajando hoy?».

La primera vez que introdujimos esta pregunta en nuestra conversación, nuestra hija de siete años dijo rápidamente:

—Pero no puedo contestar a eso.

—¿Por qué no? —pregunté.

—Porque yo no tengo un trabajo.

Cuando le explicamos que lo que queríamos decir era: «¿Cómo has visto a Dios *obrando* hoy?», entonces se dio cuenta de que podía formar parte del debate.

Con frecuencia nuestros hijos no tienen respuesta a esa pregunta, y no pasa nada. En realidad, tan importante como su respuesta es que nos oigan a Dave y a mí responder a esa interrogante cada día.

Y no olvide contarles cómo Dios lo ha guiado en el pasado. Muchos niños no saben cuándo y cómo empezaron sus padres a seguir a Cristo. A la mayoría de los niños les encanta escuchar cómo se conocieron sus padres, cuándo se enamoraron y cómo fue el día de su boda. ¿Por qué no hacemos lo mismo con nuestra historia espiritual? Quizás uno de sus primeros pasos para alcanzar una fe sólida deba ser compartir con sus hijos cómo se hizo cristiano. ¿Qué lo llevó por ese camino? ¿Cómo fue? ¿Qué lo sorprendió en aquellos primeros días como creyente? Luego hable de lo que Cristo ha hecho en su vida. ¿Cómo lo ha guiado? ¿En qué ha cambiado su conducta desde que lo sigue? ¿Cómo piensa que usted sería de no seguir a Cristo?

Recabe ideas en cuanto a la fe sólida de los demás padres

Algunas de nuestras mejores ideas acerca de la fe sólida proceden de otros padres sabios. Margaret es una inspiradora madre de ocho (¡sí, ocho!) hijos que compartió una historia conmigo que modeló su forma de criar a los chicos cuando estos eran aún jóvenes.

En una pequeña ciudad vivían dos vecinos, Billy y Johnny. La madre de Billy era conocida como una de las mejores de la ciudad. Siempre estaba haciendo galletas, cosiendo ropa para sus hijos, y ofreciéndose como voluntaria para coordinar las actividades escolares.

A la madre de Johnny, por el contrario, se le conocía como una progenitora de las más corrientes. No ejercía tanto el voluntariado, no hacía muchas galletas ni sabía coser. Todo lo que hacía era sentarse y hablar con sus hijos, jugar con ellos y cocinar alimentos sencillos.

Toda la gente de la ciudad pensaba que la madre de Billy era la mejor de todas.

Excepto Johnny, quien pensaba que *él* tenía la mejor madre de la ciudad.

Luego de contarme esta historia, Margaret me dijo: «No me importa lo que otros opinen sobre mí. Quiero que mis hijos piensen que tienen una gran madre».

Para Margaret, ella ha conseguido esa grandeza compartiendo con toda vulnerabilidad su vida con sus hijos. De formas que resultan adecuadas al nivel de desarrollo de los chicos, ella les muestra sus sentimientos y preocupaciones. Cuando se enfrenta a una importante bifurcación del camino y no sabe qué senda tomar, comenta lo mucho que necesita que Dios guíe sus pasos y los invita a orar, tal como ella lo hace.

Cuando una de sus hijas renunció a ser porrista, las demás chicas del equipo se burlaron de ella, la intimidaron y hasta destrozaron su casa. Deprimida, la hija comenzó a fumar marihuana como forma de automedicarse. Margaret, que no supo percatase de la depresión de su hija ni de que estaba haciendo uso de la droga, comentó más tarde con algunos de sus hijos mayores: «No sé cómo no me di cuenta de lo que le estaba ocurriendo. Siento que he fracasado por no haber notado lo que estaba pasando». Ellos la animaron en aquel momento, señalando lo cerca que se sentían de ella y ayudándola a ver que aquello era una excepción, no la regla, en su forma de educarlos.

> De modo que no le escondo nada a mi madre [...] Si creo que lo estoy haciendo, no es así, porque ella lo sabe de todos modos [...] pero es una gran mujer cristiana, por lo tanto no me siento incómodo cuando tengo que hacerle alguna pregunta.
>
> —Aaron

Margaret cuenta que sus hijos en edad universitaria la llaman o la visitan con regularidad para comentarle sus problemas y pedirle consejo y oración. «He sido verdaderamente vulnerable para que sientan que ellos también pueden serlo conmigo. No cambiaría eso por nada del mundo».

Otra madre, cuyos hijos no son tan proclives a tomar una iniciativa semejante de hablar con ella, ha descubierto que resulta útil hacerles a sus hijos la siguiente pregunta: «¿Cómo puedo orar por ti?». Ya sea por escrito, correo electrónico, teléfono o personalmente, las respuestas de sus hijos a estas preguntas la han ayudado a conocer más aspectos de sus vidas que cualquier otra cosa.

Una madre que conocí lleva las peticiones de oración de sus hijos un paso más allá. Periódicamente les pide a sus dos hijos, uno de los cuales está en la universidad y el otro en la escuela secundaria, que escriban cómo les gustaría que ella orara por ellos. Hace copias de sus peticiones de oración para guardarlas y luego les devuelve los originales a sus hijos. Cuando sus chicos miran esas listas más tarde, recuerdan que su madre está orando por ellos cada día.

Un padre me dijo que su meta era mencionar a Dios todos los días en su conversación con sus hijos. Sencillo, pero muy valioso.

Hable sobre sus dudas

Nuestra investigación sugiere que la duda no tiene por qué significar el final de la fe. En realidad, puede dar paso a una nueva riqueza en la relación suya y de sus hijos con Dios. Aunque siempre tenga en mente lo que es adecuado para el desarrollo de sus hijos, puede inculcar esa fe más rica en ellos de muchas formas. Hablar sobre sus propias dudas y luchas es una de ellas, ya sea que resulten más bien abstractas («Me pregunto por qué Dios nos deja elegir si le seguiremos o no») o más personales («Me pregunto por qué Dios permitió que tu amiga fuera educada por una madre tan abusiva y un padre distante»). Asimismo, puede darle libertad a sus hijos para que compartan sus propias preguntas sobre ciertos asuntos particulares mediante la interrogante: «¿Qué preguntas tienes o imaginas que tus amigos pueden tener?».

> Mis padres siempre han sido unas personas a las que les ha gustado que aprenda y resuelva las experiencias de la vida por mí misma, moldeando mi propia comprensión de quién es Dios. ¿Sabes? Una de las cosas que me parece más importante en mi relación con mis padres es que veo que me han permitido aprender y no han escogido por mí.
> —Julie

Podría incluso recurrir a más de una tercera parte de los salmos, aquellos que se consideran lamentos, ya sea de forma conjunta o personal, y clamar a Dios en medio del dolor, el sufrimiento y la duda.

Los salmos nos recuerdan que está bien formularle a Dios preguntas difíciles. Comentar uno o dos versículos de estos salmos le recordará a su hijo o hija que ellos también pueden hacerle este tipo de preguntas a Dios.

Para más información sobre los salmos de lamento, vea la página (en inglés) www. stickyfaith.org.

Desarrolle rituales de conversación

«Como padres no podemos depender de la iglesia. Debemos implicarnos», declaró Kymira.

Dada nuestra investigación sobre la fe sólida, la determinación de Kymira de implicarse en la vida de sus hijos, estudiantes de la escuela secundaria, fue música para mis oídos. Con el fin de poner en práctica su convicción, ella y su esposo han desarrollado un tiempo de discipulado semanal con su hijo de catorce años, Kyle. Los esposos se turnan cada jueves por la noche para ir a disfrutar de un postre con Kyle y, siguiendo el programa recomendado por el pastor de jóvenes del pequeño grupo al que pertenece, utilizarlo a modo de trampolín para hablar con él sobre las Escrituras y lo que sucede en su vida. Durante estos debates padres-hijo semanales, el introvertido Kyle se ha abierto y comentado sobre los acosos en la escuela y otras presiones por parte de sus compañeros, algo que nunca habría compartido durante el típico programa familiar tan ocupado. Según Kymira, parte del poder de este ritual de fe sólida es que Kyle «tiene nuestra plena y completa atención durante una hora […] disfruta de espacio para tener una relación con nosotros como adolescente y no como un niño».

Quizá esta clase de estructura no funcione en su familia, ya sea debido a su forma de ser o la de su hijo. Es posible que este tipo de programa solo dé resultados para usted durante una temporada. Su meta es encontrar lo que más le conviene a su familia, lo que significa que en algunas ocasiones tendrá que ser creativo, orgánico y espontáneo, mientras que en otras necesitará mostrarse organizado y sistemático.

Ya sea que se trate de un ritual que su familia practique junta o de uno que desarrolle para contribuir a que sus hijos tengan conversaciones positivas con otros adultos, puede usar las siguientes ideas a fin de encontrar algo adecuado para su familia.

- *Conversación en la cena.* Cuando cenan juntos, ¿solo es tiempo de resolver quién debe estar en algún lugar concreto al día siguiente, o comparten cómo ha sido la jornada? Ya he comentado algunas de las preguntas que formulamos cuando nosotros, los Powell, cenamos: «¿Cuál ha sido tu mejor momento del día? ¿Cuál ha sido el peor? ¿De qué forma has visto obrar a Dios?».

  Otra pregunta que estamos considerando añadir es: «¿Qué errores has cometido hoy?». Conozco a unas cuantas familias que debaten esto durante la cena y han descubierto que comentar los fallos juntos conlleva varios beneficios. En primer lugar, le recuerda a cada miembro de la familia que no es perfecto y necesita la gracia de Dios en medio de sus defectos y pecados. En segundo lugar, permite que los niños practiquen el hablar sobre sus errores con sus padres, cuando las expectativas son más bajas, para que sean capaces de hacerlo cuando estas sean más altas. Finalmente, les proporciona a los miembros de la familia la oportunidad de pedirse disculpas unos a otros por las veces que no han sido amables a lo largo del día.

- *Experiencias creativas de adoración.* Durante el curso de nuestra investigación conocimos a una familia con hijos en la escuela secundaria. Cuando su programa les impide asistir a la iglesia, celebran el culto en casa. Animan a sus hijos a añadirle una nueva estrofa a una canción o un himno que les guste en particular, a leer un pasaje de las Escrituras, y a hacer un dibujo que refleje dicha porción. Cuando han acabado, todos los miembros de la familia se reúnen para compartir lo que han aprendido, dibujado o escrito. Como ellos han descubierto, usted no tiene que ser músico para involucrar a sus hijos en una adoración creativa.

- *Cumpleaños especiales.* Cuando su hijo se acerque a un cumpleaños que es particularmente relevante (por ejemplo, convertirse en un adolescente a la edad de trece años, u obtener el permiso de conducir a los dieciséis), llévelo a pasar la noche en un hotel. (Puede encontrar verdaderas gangas en la Internet). Utilice las comidas que compartan juntos con el objetivo de hablar más sobre lo que será el nuevo año para su hijo y la familia.

- **Metas familiares.** Conocí a Steve en Colorado. Me comentó que él y su esposa solicitaban la participación de sus dos hijas preadolescentes a la hora de establecer metas anuales —tanto para ellas como para la familia—cada mes de enero. Por lo general, los domingos en la noche la familia revisa dichas metas y conversan sobre los progresos y los cambios de dirección.

Debemos admitir que algunas de estas ideas no funcionarán tan bien la primera vez que las intente. Otras no lo harán jamás en su familia. No obstante, siga intentándolo y aporte sus propias ideas, que pueden ser aun mejores.

En una entrevista con Derek Melleby, del Centro para el Entendimiento Padres/Jóvenes, el sociólogo Tim compartió algo de su investigación para el libro *The First Year Out*[5] [El primer año fuera] con respecto a los estudiantes universitarios, concretamente sobre aquellos que se han apartado de la fe. Aunque se dirigió a los líderes juveniles, su sabiduría es igualmente cierta para los padres. En muchos casos, estos adolescentes admitieron haber tenido importantes preguntas con relación a la fe durante el principio de la adolescencia (entre los doce y los catorce años) que sus padres o pastores ignoraron en lugar de tomarlas en serio y ocuparse de ellas de forma concienzuda.

«Las trayectorias de la fe (junto con otras de la vida) se establecen con frecuencia al principio de la adolescencia. Tristemente, la mayoría de los ministros juveniles pasan mucho tiempo ocupados con las diversiones y cosas insignificantes, y dedican poco a escuchar y mantener un compromiso concienzudo. Lo primero produce un millón de barcos de papel; lo último, un puñado de navíos en condiciones de navegar. Botar un millón de barcos de papel es un espectáculo asombroso en un día claro de verano, pero solo un navío puede capear las tormentas y cruzar océanos».

Reflexiones y preguntas para el debate

1. ¿Cuál es la mejor conversación que ha tenido recientemente con su hijo? ¿Por qué cree que fue tan buena?

2. ¿De qué forma responden sus hijos cuando intenta compartir con ellos acerca de su vida o su viaje espiritual? ¿Por qué piensa que es así? ¿Qué podría hacer para que estén aún más dispuestos a escucharlo?

3. ¿Qué asunto espinoso necesita esclarecer en breve con su hijo? ¿Qué puede hacer para que esté menos a la defensiva?

4. ¿Qué ritual de conversación de este capítulo, o cualquier otro que se le ocurra, le gustaría intentar? ¿Cuándo lo experimentará con su hijo o hija?

{ 5 }

Una red de relaciones consolidada

Nuestros padres eran amigos íntimos y realizaban estudios bíblicos colectivos, o pasaban tiempo juntos cuando salíamos de la escuela. Siempre hacíamos algo con las familias de la iglesia, y creo que este desarrollo temprano de conocer a las familias cuando era pequeño alentó que nos aceptaran cuando llegamos a la escuela secundaria, porque ya teníamos buenas relaciones con ellos.
—Dexter

Todos los estudiantes de la escuela secundaria y del instituto se sentaron en la esquina delantera del santuario. En realidad no nos incluyeron demasiado en la forma en que se celebró el culto. De vez en cuando nos daban la oportunidad de liderar la adoración, pero muy esporádicamente.
—Megan

Yo (Kara) soy la mayor de quince primos en la familia por parte de mi padre. Mientras crecía, treinta miembros de mi familia se reunían en casa del abuelo y la abuela Eckmann durante las vacaciones. Se trataba de demasiada gente para sentarse alrededor de una sola mesa.

Así que poníamos dos: la de los adultos y la de los niños.

Nosotros, los Eckmann, no somos los únicos en haber llegado a esta inteligente y práctica solución de preparar dos mesas. Casi puedo sentir como asiente con la cabeza cuando piensa en las dos mesas de sus propias reuniones familiares.

En casa de los abuelos Eckmann, los adultos comían en el comedor, mientras que nosotros, los niños, lo hacíamos en el salón destinado a ver la televisión.

Los adultos se sentaban en la elegante mesa del comedor. Nosotros, alrededor de mesas bajas.

Ellos comían en la hermosa porcelana. Nosotros en platos desechables, o si teníamos suerte, en unos de plástico.

Ellos disponían de servilletas de tela y las usaban. Nosotros nos limpiábamos con los puños de la ropa.

Ellos mantenían agradables conversaciones. De algún modo, nuestra conversación degeneraba hasta llegar al punto de lanzarnos panecillos unos a otros y celebrar una competencia de sorber gelatina.

Esto se parece mucho al modo en que adultos y chicos experimentan hoy la iglesia. La mesa de los adultos se encuentra en la gran sala hermosa, y la de los chicos en un cuarto del pasillo.

> *Era como sentirse [...] no me gusta esta palabra, pero a falta de otra mejor, segregado, en el sentido de que los estudiantes de la escuela secundaria tienen sus cosas y los adultos las suyas.*
> —Ian

La mayoría de las iglesias tienen pastores de adultos, y otros para los jóvenes.

Cultos de adoración para adultos, y otros para los chicos.

Viajes misioneros para adultos, y otros para los estudiantes.

¿Acaso los chicos de dieciséis años necesitan tiempo para estar juntos y a solas? Puede apostar a que sí. Como me dijo un trabajador juvenil: «El muchacho de dieciséis años promedio no desea hablar de la masturbación con su abuela en la habitación».

Tampoco es algo que su abuela desearía. De modo que esta es una situación en la que todos ganan.

Sin embargo, uno de mis mantras es que «el equilibrio es algo que, en algún punto del camino, nos hace descender al otro extremo». Me temo que eso es lo que ocurrió aquí. En un intento por ofrecerles a niños y adolescentes una enseñanza y una comunión relevante y adecuada a su desarrollo, hemos segregado —y utilizo este verbo intencionadamente, aunque no a la ligera— a los niños del resto de la iglesia.

Y esta segregación está haciendo que los muchachos dejen a un lado su fe.

DESCUBRIMIENTOS NOTABLES

Necesitamos recibir a los niños como lo hizo Jesús

Recuerdo la primera Biblia que recibí de niña. En la tapa había una ilustración del «Jesús anglosajón» rodeado por niños sonrientes de todas las razas y colores. Jesús tenía el brillo del rocío y creo que había esponjosas ovejas que mordisqueaban la hierba al fondo. Demasiado lindo.

En realidad, la visión de Jesús para las relaciones intergeneracionales era de todo menos linda. La misma era y es radical y revolucionaria.

En Lucas 9:28-36, Jesús toma a Pedro, Jacobo y Juan, y sube a una montaña a orar. Escoger a estos discípulos y excluir a los otros nueve debió con toda seguridad desencadenar sentimientos de celos e inseguridad en aquellos que quedaron atrás. Casi los puedo oír murmurar entre dientes: «¿Qué tiene Pedro de especial?».

Poco después, estalló una discusión entre los doce discípulos con motivo de saber cuál de ellos era el más importante. Al parecer, el Señor no los oyó discutir en verdad, pero Lucas 9:47 señala que «como Jesús sabía bien lo que pensaban, tomó a un niño y lo puso a su lado». Jesús entonces declara: «El que recibe en mi nombre a este niño, me recibe a mí; y el que me recibe a mí, recibe al que me envió. El que es más insignificante entre todos ustedes, ese es el más importante» (Lucas 9:48).

De este modo, Jesús coloca las dos figuras delante de los discípulos: a sí mismo, a quien ellos respetan tanto, y a un niño, que en aquella cultura tenía poco valor intrínseco. Las buenas nuevas para los discípulos son que la grandeza puede ser buscada y poseída. Las malas son que la misma resulta de hacer algo contraintuitivo: recibir a un niño.

Una comprensión de la expresión griega que Jesús emplea en esta conocida declaración sobre las relaciones intergeneracionales hace que a los discípulos les sea más difícil aun asimilar sus palabras. El verbo griego que Jesús utiliza aquí para *recibir* es *decomai* (que se pronuncia «deco-mai»), el cual suele significar mostrarles hospitalidad a los invitados. Por lo tanto, el mismo conlleva una cierta connotación de servidumbre. En el siglo primero, cuidar de los invitados y los niños era una tarea de la que por lo general se ocupaban los miembros de la sociedad que se consideraban diferentes e incluso inferiores a los discípulos varones, es decir, las mujeres y los esclavos[1].

De este modo, Jesús estaba pidiéndoles a los discípulos, que acababan de discutir sobre su grandeza individual, que mostraran la máxima humildad abrazando a los niños que había en medio de ellos. Según Jesús, la grandeza —y nos atrevemos a decir que una «gran» educación parental y una vida digna de un «gran» cristiano— emerge cuando los adultos reciben a los niños.

La participación en la adoración de toda la iglesia está vinculada con la fe madura

Cuando planificamos nuestro «Proyecto de transición a la universidad», el equipo de investigación del FYI esperó descubrir *una cosa* que pudieran hacer los padres y los líderes escolares que fuera el santo remedio para la edificación de una fe sólida. Nuestras expectativas eran encontrar un elemento en la participación de los niños en la iglesia (por ejemplo, estudios bíblicos, grupos pequeños, tutorías, obras sociales) que pudiera relacionarse de forma significativa con una mayor madurez en la fe, manteniéndolos por encima del resto.

No hemos encontrado esa solución milagrosa. Aunque el estudio de las Escrituras, los grupos pequeños, la tutoría, los reti-

> Ojalá hubiera existido un esfuerzo intencionado por parte de la iglesia para integrar a los adolescentes al cuerpo con los creyentes mayores. Aunque pude hacerlo gracias a la dirección de mis padres, muchos otros adolescentes se contentaron con permanecer en el grupo de jóvenes, bastante separado de la visión y el ministerio de la iglesia en general. A pesar de que esto quizás hubiera hecho que algunos jóvenes se alejaran, a mí me habría gustado experimentar más integración dentro del cuerpo más amplio de la iglesia y una clara dirección para que los adolescentes aprendieran lo que significa caminar con Cristo, tomar la cruz cada día, servir a los demás por encima de uno mismo y ser disciplinado.
>
> —Lilli

ros, la obra social y un sinfín de otras actividades ministeriales son importantes, la realidad es que el crecimiento espiritual de los muchachos es algo mucho más complicado que una mera fórmula mágica.

Lo más cerca que nuestra investigación ha llegado en cuanto a esa «solución milagrosa» definitiva se resume en este descubrimiento: para los estudiantes de la escuela secundaria y la universidad, existe una relación entre la asistencia a los cultos de adoración de toda la iglesia y la fe sólida.

Los adolescentes que sirven a los niños más pequeños construyen una fe sólida

Los estudiantes que sirven y construyen relaciones con los niños más pequeños tienden también a tener una fe más sólida. Admito que algunos adolescentes optan por servir en el ministerio infantil para evitar tener que ir a la «iglesia de los mayores». También es verdad que otros se ofrecen voluntarios para este menester porque su escuela les pide que hagan horas de servicio.

Sin embargo, a pesar de estos motivos variados, los estudiantes de la escuela secundaria que encuestamos y servían en el ministerio de los niños o la escuela intermedia parecían tener una fe más sólida en la escuela secundaria y la universidad. Esto debe ser, en parte, por el tipo de estudiantes que se prestan como voluntarios para servir a los más pequeños, pero aun así la participación en este tipo de ministerio parece edificar la fe.

Aunque nuestra investigación no se centró de forma específica en el efecto del vínculo de los adolescentes con los niños más pequeños, imaginamos que no solo los primeros se benefician de esta relación entre edades, sino que los segundos también lo hacen. Cuando los niños mayores se interesan por los más jóvenes, los escuchan e incluso construyen una verdadera relación con ellos, los más pequeños resplandecen. (He visto cómo se iluminaba el rostro de mis propios hijos cuando algunos chicos de doce años se han esforzado por ser sus amigos). En la iglesia, los pequeños tienden a suponer que los adultos les prestarán atención; pero cuando «los muchachos mayores» lo hacen, su autoestima y su amor por la iglesia se disparan.

El último curso de la escuela secundaria ansían el apoyo de los adultos de sus congregaciones

Como equipo de investigación no nos sorprendió que, de cinco fuentes importantes de apoyo (los adultos de la congregación, los padres, los líderes juveniles, los amigos del grupo de jóvenes y los amigos fuera del mismo), el último curso de la escuela secundaria situaran a los adultos de la congregación en el último lugar.

Lo que sí nos asombró fue que se encontraran tan por detrás de los otros cuatro grupos. Un graduado de un grupo de jóvenes comentó que a su iglesia «le gustaba hablar de la participación de los estudiantes, pero no llegaron nunca a hacerlo». Otro respondió que los miembros de la iglesia «no quieren nada con nosotros [...] Creo que les producimos cierto temor, porque somos los protagonistas de las noticias, ya sabes, los que consumimos drogas, nos quedamos embarazadas y todas esas cosas [...] nos mantienen apartados y nos tratan como si fuéramos un peligro». El abismo actual entre chicos y adultos en la iglesia es mayor de lo que esperábamos.

En el caso de los adolescentes que sondeamos, lo que más les hacía sentirse bien acogidos y valorados en las iglesias era, sobre todo, que la congregación mostrara interés en ellos. Más que cualquier programa o acontecimiento, que los adultos hicieran un esfuerzo por llegar a conocer a los chicos era lo que tenía más probabilidades de hacer que estos se sintieran una parte relevante de su iglesia. Un estudiante exclamó: «No solo nos sentimos bien acogidos en el grupo de jóvenes, sino en las demás áreas del ministerio de la iglesia: en la adoración, en el equipo de alabanza de los domingos por la mañana, en la enseñanza de la Escuela Dominical para niños, o ayudando a limpiar y servir […] todo este tipo de cosas integraron a los jóvenes y les hicieron sentir que tenían un lugar, e incluso se vieron valorados como individuos».

> *No podía marcharme de la iglesia sin que cada semana varios adultos me detuvieran e iniciara extensas conversaciones con cada uno de ellos. Las mujeres estuvieron muy presentes cuando mi madre murió, tras mi primer año universitario. Básicamente, conocía muy bien a casi la mitad de la gente de mi iglesia y me apoyaron mucho.*
> —David

El contacto con los adultos en la iglesia resulta determinante para un universitario de primer año

Contrariamente a la opinión popular, para los graduados de la escuela secundaria no funciona el «ojos que no ven, corazón que no siente». El contacto con al menos un adulto de la congregación *fuera* del ministerio de jóvenes durante el primer semestre de universidad está vinculado a la fe sólida. Tener noticias de un adulto de su iglesia local —ya sea mediante un mensaje de texto, un correo electrónico, el teléfono, o algo de que quizás haya oído hablar y se llama el Servicio Postal— parece ayudar a que los estudiantes se lleven su fe a la universidad. En realidad, el contacto continuo sigue siendo determinante *tres años después*.

Los universitarios de primer año tienen dificultades para encontrar una iglesia

Una vez convertidos en universitarios de primer año, les pedimos a los estudiantes de nuestro estudio que compartieran lo que para ellos eran las principales dificultades después de graduarse en la escuela secundaria. Esto es lo que nos dijeron:

> Número 1: la amistad
> Número 2: la soledad
> Número 3: encontrar una iglesia

No es de sorprender que a los estudiantes les resulte difícil encontrar una iglesia. Los que han estado sentados a la «mesa de los niños» en el ministerio de jóvenes no saben lo que es la iglesia. Conocen el grupo de jóvenes, pero no la iglesia.

LA FE SÓLIDA LLEVADA A LA PRÁCTICA

Chap dice un montón de cosas brillantes, pero en mi opinión su percepción más genial de los últimos años es que necesitamos invertir la proporción del ministerio adulto-a-niño.

¿Qué quiere decir con esto?

Muchos ministerios infantiles y de jóvenes afirman que quieren tener una proporción de 1:5 (lo que significa un adulto por cada cinco chicos), ya sea para su Escuela Dominical o los grupos pequeños.

Sin embargo, ¿Qué tal si le damos la vuelta a esto? ¿Qué ocurriría si dijéramos que queremos una proporción de 5:1, es decir, cinco adultos que se ocupen de cada niño? No nos referimos a cinco maestros de Escuela Dominical o cinco líderes por cada grupo pequeño. Tampoco nos estamos refiriendo a «subcontratar» a cinco adultos para que se ocupen del desarrollo espiritual, emocional, social e intelectual de nuestros hijos. Estamos hablando de reclutar a cinco adultos para que inviertan en tu hijo un poco, bastante o mucho. En el FYI, al conectarnos con los padres por todo el país, hemos visto a familias que experimentaban la proporción de 5:1 cuando desarrollaban una red de relaciones sólida para sus hijos.

Cree una red consolidada

Las familias extendidas han sido, por lo general, la red tradicional de relaciones de afecto y cuidados, y por buenas razones. Comparten las vacaciones y las celebraciones, asisten a las bodas y los funerales, y ofrecen una forma de apoyo que dura por generaciones. Muchos padres escogen por instinto vivir cerca de otros miembros de la familia, y algunos incluso sacrifican su carrera con tal de que permanecer próximos a ella. Sin embargo, con el nacimiento de Facebook, Skype y otras nuevas tecnologías, ni siquiera la distancia supone una barrera para construir una red sólida con la familia extendida.

Los padres que no cuentan con la bendición de tener abuelos, hermanos y primos cerca de ellos pueden necesitar trabajar más para formar una red de relaciones, pero las oportunidades abundan en la iglesia, el vecindario, el colegio o los lugares de actividades de su hijo. Mire a su alrededor: con frecuencia la mejor red se crea cuando usted puede dar y recibir apoyo para los hijos. ¡Sea uno de «los cinco» para los amigos de sus hijos y quizás sus padres serán uno de los cinco para los suyos!

Sea intencionado

Las redes sociales consolidadas no surgen por accidente. Es necesario que construya esas relaciones mediante un contacto regular. Como en la mayoría de los aspectos de la educación paternal, debemos ser intencionados. Así como la araña crea meticulosamente su tela, nosotros debemos dedicar una energía y un tiempo significativos para rodear a nuestros hijos con relaciones intergeneracionales.

En mi iglesia, he recibido inspiración de un pequeño grupo de familias que han creado una red firme para sus hijos. Aunque la mayoría de los adultos que lo componen ahora son abuelos, empezaron a reunirse cuando sus hijos eran recién nacidos. Con antelación habían decidido que querían hacer algo más que estudiar la Biblia juntos cada semana o cada quince días: deseaban ser familias apegadas las unas a las otras.

Cada tres meses, traían sus calendarios a la reunión del grupo pequeño. Como suele ocurrir en estos conjuntos de familias ocupadas, planeaban desde varios meses antes cuándo se reunirían. Sin embargo, a diferencia de la mayoría de los grupos, ellos han llevado la programación de sus agendas a un nuevo nivel.

Este grupo pequeño ha pactado convertir los acontecimientos familiares de los demás en una prioridad conjunta. Por lo tanto, durante la revisión trimestral de sus calendarios, no solo planifican sus reuniones, sino que también comparten las fechas y los acontecimientos familiares importantes que están a punto de realizarse. Las cinco familias marcan el domingo por la tarde cuando Claire tiene su recital de piano; anotan la fecha de la ceremonia del grupo de exploradores de Mario; y señalan el día y la hora de la graduación de Isabella de la escuela intermedia. En la medida de lo posible, las cinco familias intentarán asistir a estos acontecimientos memorables.

Esto es lo que significa 5:1. Esta es la comunidad del reino.

Hace dos años, Dave y yo decidimos seguir su ejemplo y empezar un grupo de familias intergeneracional para caminar juntos por la vida. Invitamos a tres para que se unieran a nosotros: una de ellas en la misma etapa de la vida que nosotros, una con un recién nacido, y una pareja de sesenta y tantos años que habían sido nuestros mentores desde que nos comprometimos.

Nos reunimos mensualmente. Dedicamos una o dos horas a cenar juntos. La segunda parte de nuestra reunión se centra en cualquier libro (en los últimos tiempos solo en la mitad de uno) que hayamos leído ese mes. Cuando es posible, escogemos libros que giran en torno a asuntos que nuestros hijos puedan discutir con nosotros durante al menos unos minutos antes de marcharse a otra parte de la casa.

El grupo no sería el mismo sin la joven familia que acaba de empezar a navegar por la paternidad. Nuestras conversaciones no serían tan profundas sin la pareja no-tan-joven-pero-todavía-joven-de-corazón que habla de su amor por Jesús y los demás en presente y pasado. Podríamos haberles pedido sencillamente a tres familias que se encontraran en nuestra misma etapa de la vida que se unieran a nosotros, pero no sería lo mismo.

Quizás este tipo de grupo intergeneracional no sea una opción para su familia. Las buenas noticias son que, aunque no pueda desarrollar la proporción 5:1 a partir de un solo grupo unido, sería posible crear un conjunto de relaciones que forme su propia constelación 5:1.

> Mis padres siempre se aseguraban de que estuviera vinculada a muchos grupos y clases de adultos en la iglesia, y fue allí donde me sentí más valorada y mejor recibida.
> —Bess

Es posible que se desvíe de su camino para alentar al maestro de su hijo (al líder del grupo juvenil o al profesor de la Escuela Dominical) e invitarlo a cenar o disfrutar de un postre con su familia.

Quizás su familia invite a los vecinos a dar un paseo o jugar un partido de fútbol en su jardín delantero. También puede programar videollamadas regulares a amigos y familiares adultos por todo el país para que sus hijos se sientan conectados a pesar de los kilómetros.

Pudiera ser que hasta intente evitar la tan común separación entre las mesas de los niños y las de los adultos cuando vienen otras familias o acude toda una horda de parientes a comer juntos. Tal vez intercale niños y adultos alrededor de varias mesas para que surjan conversaciones entre generaciones que de otro modo jamás hubieran tenido lugar.

En *Big Questions, Worthy Dreams* [Grandes preguntas, sueños valiosos], Sharon Daloz Parks describe cómo involucró a su familia extendida en un diálogo intergeneracional en una reciente reunión familiar en la que los quince parientes se sentaron intencionadamente alrededor de una sola mesa: «Concluida la cena con un riquísimo pastel para celebrar dos cumpleaños, uno de quince y otro de veintiuno, sugerí con cierto temor que cada uno de los allí presentes compartiera por turno algo que le hubiera resultado particularmente satisfactorio durante aquel año y un desafío especial que esperara en el año por venir. Conforme lo fueron haciendo, los unos pudimos captar un vislumbre de la vida de los otros de una forma nueva y participativa»[2].

Con un poco de planificación (y quizás una pizca de valor), la mayoría de nosotros puede establecer una red de relaciones adultas para nuestros hijos que ayude a desarrollar la fe sólida.

Sea explícito

No hay necesidad de ocultarles a sus hijos aquello que hace como si fuese un secreto. Lo alentamos a que los incluya en su objetivo de 5:1 (7:1, 10:1, o cualquiera que persiga) y haga que celebre con usted el hecho de que su familia desarrolle su propia red firme. Si hablar de 5:1 resulta un tanto calculador o forzado, puede sustituirlo por recordarles a sus hijos con cierta regularidad a los adultos (entrenadores, maestros, vecinos, líderes de la iglesia) que se interesan por ellos y forman parte de su equipo familiar. Si ora con su hijo en las comidas o antes de dormir, podría incluso darle gracias a Dios por la red firme que él lo está ayudando a tejer.

Conocí recientemente a una madre soltera que tuvo una idea brillante para ayudar a que su hijo visualizara su consolidada red familiar. En el pasillo, entre su habitación y la de él, colgó unos cuantos marcos para collages con distintas aberturas en las que colocar fotografías. Conforme su hijo construye una relación con un adulto —sobre todo con un hombre— ella toma una foto de su hijo con esa persona. A continuación las va colocando en los marcos para recordar a los asombrosos adultos que rodean a su familia. Los lugares vacíos refuerzan la idea de que hay más relaciones de 5:1 por llegar.

Incentive la tutoría

Otros adultos pueden aportar opiniones a la vida de sus hijos de una forma en que usted como progenitor no puede hacerlo. Hace unos cuantos años oí (Kara) cómo Tony Dungy, el entrenador de los Colts de Indianápolis, el equipo ganador de la supercopa, comentaba el gran impacto que otros adultos tienen en su hijo.

El chico asistía a la escuela secundaria y jugaba al fútbol, por lo que cada día después de clase entrenaba durante tres horas.

Tony sabía la cantidad de energía que ambas cosas le absorbían, de modo que le instó a que no se limitara a desayunar una *Pop Tart*. Él se negó replicando que era todo lo que necesitaba. El padre intentó convencerlo de que no era suficiente alimentación para jugar al fútbol, pero el chico pasó por alto su consejo una y otra vez.

Una mañana, el hijo de Tony se despertó temprano y se adentró en la cocina para prepararse un gran desayuno de huevos y tocino. Al padre le complació que su hijo siguiera por fin su consejo. No pudo resistirse y le comentó: «Ya veo que estás preparándote un desayuno más fuerte hoy».

El hijo replicó medio atontado: «Sí, mi entrenador me dijo que debía hacerlo». Este estudiante de la escuela secundaria vivía con uno de los entrenadores de la Liga Nacional de Fútbol más respetados del país, pero como era su padre, se negó a seguir sus sugerencias. Fue la persona que le entrenaba en la escuela secundaria quien lo consiguió.

Al reconocer la poderosa influencia de otros adultos en la fe sólida de sus hijos, muchos padres incluyen la tutoría en su plan de 5:1. A través de estas relaciones potenciadoras sus hijos son capaces de pasar tiempo con adultos que están más adelantados en su viaje espiritual. Nuestra investigación ha demostrado que, más allá de los beneficios de la mera presencia de los mentores, mientras más tutores adultos se preocupen por los estudiantes y les ayuden a aplicar la fe a su vida cotidiana, mejor[3].

En *The Slow Fade* [La lenta evanescencia], Reggie Joiner, Chuck Bomar y Abbie Smith proponen una nueva visión en cuanto al papel del mentor en la vida de un joven. Según escriben, los mentores deberían preguntar: «¿Qué está haciendo Dios ya aquí?»,

> Me habría gustado ver un programa individual [...] algo que permitiera que todos los estudiantes de la escuela secundaria tuvieran en la iglesia a un adulto a quien admirar y con el cual hablar, que no fueran sus padres, porque con los progenitores siempre hay barreras [...] alguien con quien poder conversar con toda sinceridad.
> —Maggie

en lugar de: «¿Qué va a hacer Dios aquí?»[4]. Según este criterio de tutoría de 5:1, los adultos que se reúnen regularmente con nuestros hijos harán por lo general más preguntas, compartirán más experiencias y darán menos respuestas.

> Para ideas más tangibles sobre la tutoría, visite la página (en inglés) www.stickfaith.org.

Algunos padres se dan cuenta de que los adultos que conocen, en los que confían y a los que respetan están demasiado ocupados para reunirse regularmente con sus hijos adolescentes. Esto les lleva a buscar conexiones de 5:1 menos intensivas. Una madre que conocí hace poco detesta la jardinería, pero a su hija adolescente le encanta. Con gran sabiduría, esta mujer invitó a una de las mujeres de la iglesia para que llevara a la muchacha a comprar bulbos de flores y los plantaran juntas unas cuantas veces al año.

Podría intentar sacar ventaja de algunas estructuras y programas que ya vinculan orgánicamente a sus hijos con otros adultos, infundiéndoles la vitalidad de la tutoría de 5:1. Por ejemplo, si su hijo ya es un voluntario de cualquier tipo en la iglesia, tantee al adulto que los supervisa para ver si estaría dispuesto a comer con él, o la familia completa, de vez en cuando. Intente lo mismo con el entrenador de hockey, el maestro o el profesor de teatro. Dedique un tiempo para explicarles los valores y las prioridades de su familia a estos adultos influyentes. Sin duda estarán muy ocupados, pero es muy probable que una de las principales razones por las que se dedican a su profesión sea porque se preocupan por los chicos, incluidos los suyos.

Desarrolle un ritual

En el capítulo 3, Chap expuso la importancia de los rituales para el creciente sentido que los estudiantes adquieren de ser amados por Dios. El beneficio adicional de los mismos es que capacitan a su hijo a fin de desarrollar las relaciones intergeneracionales de 5:1.

Durante los últimos años, Chap y yo hemos disfrutado de trabajar hombro a hombro con Reggie Joiner y el gran equipo de reThink Ministries. En *Parenting beyond Your Capacity*, Carey Nieuwhof, coautor de Reggie, comparte el potente ritual intergeneracional de 5:1 que desarrolló para su hijo Jordan al entrar en la adolescencia.

Cuando cumplió los trece, Carey se sentó con él y escogieron a cinco hombres a los que ambos admiraban. A continuación, los contactó y les pidió que pasaran un día con Jordan aquel verano. Podrían hacer lo que quisieran durante ese día, pero Carey esperaba que compartieran un verdad espiritual y otra de la vida (es decir, un buen consejo) en el transcurso de sus conversaciones.

De los cinco hombres, alguno llevó a Jordan de acampada y otro hizo que lo acompañara al trabajo. Uno de ellos era capellán de la policía y lo invitó a dar una vuelta en un coche patrulla. Al final del verano, los cinco hombres, Jordan y Carey se reunieron para una parrillada, y el muchacho compartió lo que había escrito en su diario con respecto a lo que más le había impactado de aquellos cinco días especiales. Luego le regaló una Biblia a cada uno de los cinco con sus nombres grabados en la tapa. A su vez, los hombres comentaron sobre el tiempo pasado con Jordan y las formas en que vieron a Dios obrar en la vida del chico. Después se juntaron alrededor de él y le impusieron sus manos en oración. Muchos de ellos declararon: «¡Ojalá alguien hubiera hecho esto por mí cuando tenía trece años!»[5].

Cuando el segundo hijo de Carey, Sam, acabó el mismo proceso de tutoría al cumplir los trece, una de las cosas más destacadas de la reunión fue que los cinco mentores comentaron cuánto les había impactado compartir su tiempo con él. En realidad, aquella parrillada final resultó tan poderosa que los cinco pidieron que se reunieran cada año, si a Sam le parecía bien. Es chico contestó que sí y ya están planeando la cena del próximo año.

Establezca diversas amistades

Usted tiene un enorme control sobre qué adultos entran en su casa y forman parte de la vida de su familia, por lo tanto, considere de forma intencionada forjar amistad con adultos de todas las edades. Uno de los estudiantes que entrevistamos nos habló de una pareja muy cercana a sus padres. «Creo que los considero amigos de la familia, pero no me importaría salir con ellos a solas. Por ejemplo, me gustaría ir a tomar café con ella si tuviera la oportunidad [...] Es solo [...] muy natural, casi como si se tratara de otra pareja de padres».

> *Un amigo de mi padre me regaló un plan de lectura de la Biblia en un año solo porque le importaba todo aquello por lo que yo estaba pasando en aquel tiempo.*
> —Andrea

Pregúnteles a sus hijos con quién quieren pasar algún tiempo

Un amigo mío les ha pedido a sus hijas que nombren a cinco adultos que respeten y a quienes les gustaría parecerse. Ahora sabe exactamente a quién invitar a cenar cuando tiene una noche libre.

Envíe a sus hijos a trabajar con amigos

Una familia que conocemos tiene un ritual especial que implica enviar a sus dos hijos a trabajar con hombres a los que respetan. Le pidieron a cada hombre que permitieran que sus hijos de dieciséis años fueran su sombra durante dos horas. En algún momento de esas dos horas, se les dio unos minutos para que hicieran algunas preguntas como: «¿Qué es lo más difícil de ser hombre? ¿Qué es lo más difícil de seguir a Dios? Mirando hacia atrás en su vida, ¿qué le gustaría haber hecho de un modo distinto?». Sus hijos siguen manteniendo contacto con estos hombres y parecen suponer que pueden y deben seguir buscando a otros tutores masculinos ahora que están en la universidad.

Pida experiencias en lugar de regalos

Para el cumpleaños de sus hijos, una madre que conocí durante nuestra investigación les pidió a los amigos y familiares que por lo general solían hacerles un regalo que en vez de ello les brindaran experiencias. En lugar de darles un cheque como obsequio o una nueva sudadera, estas personas los llevaron a ver una película o a cenar, construyendo así una relación más sólida.

Intercambie peticiones de oración

Pídales a sus hijos que compartan peticiones de oración con otros adultos y viceversa. Aliente a ambos a ponerse en contacto periódicamente para ver la forma en que Dios se mueve.

Solicite un consejo o un aliento especial

Invite a los adultos que estén cerca de su hijo a que se reúnan con él, puede ser con motivo de un cumpleaños o una celebración de vacaciones, y a que compartan consejos o palabras de aliento con su chico. Si los escriben y se los dan en un libro o carpeta, su hijo tendrá un recordatorio permanente de su equipo de apoyo de 5:1.

Una familia decidió celebrar el bautismo de su hijo en su casa en lugar de hacerlo en el local de la iglesia. Invitaron a miembros de la familia y la iglesia que habían invertido tiempo con su hijo. Les pidieron que le trajeran al chico, estudiante del octavo curso, un sencillo regalo con un simbolismo espiritual que pudieran explicarle a su hijo, como una pequeña pintura, escultura, o algo de la naturaleza. Estos padres experimentaron el poder del *bar mitzvá* judío en su propia casa con su familia y sus amigos cercanos.

La graduación es una ocasión natural para pedir consejo y aliento. Haga que sus hijos inviten a su fiesta de graduación de la escuela secundaria a aquellos adultos que han sido especiales para ellos. Proporciónele un diario en el que los invitados puedan escribir sus consejos y palabras de ánimo. Y mejor todavía, haga que sus hijos le manifiesten a cada invitado (ya sea en persona o en la invitación) de qué forma ha influido en ellos. Los adultos no solo lo agradecerán, sino que los muchachos empezarán a entender y apreciar cuánto han contribuido otras personas a su vida, y se darán cuenta de la importancia de que un día ellos lo hagan a su vez.

Cree una red sólida en su iglesia

Aquellos que están implicados en una iglesia cuentan con un trampolín natural para las relaciones de 5:1. Mi iglesia, la Lake Avenue Church, está avanzando hacia una adoración y unas relaciones más intergeneracionales. A pesar de ello, el año pasado mi hija de siete años me mostró cuánto camino nos queda por recorrer.

Se celebraba nuestro servicio de Viernes Santo y nuestra familia llegó unos minutos antes. Mientras esperábamos que el culto comenzara, Krista señaló la parte central del local y preguntó: «Mami, ¿qué son esos tubos amarillos? ¡Hay muchos!».

Sonriendo, respondí: «Krista, esos son los tubos del órgano».

«¿Y qué es un órgano, mami?».

Me divirtió la primera pregunta de mi hija, aunque rápidamente dio paso a la preocupación. Nadie, incluidos mi esposo y yo, le habíamos explicado jamás toda la dinámica y los elementos de nuestro culto de adoración. ¿Cómo podía ser parte de la amplia comunidad si se sentía ajena a ella y confusa? Convertí, pues, en mi misión explicarle todo durante aquel culto de Viernes Santo. Susurré en su oído: «¿Oyes la música? Sale del órgano».

«¿Ves a esa mujer? Está haciendo los anuncios».

«¿Puedes leer las palabras que están en aquella pantalla? Nos recuerdan lo que Jesús hizo muriendo por nosotros en la cruz».

Heme aquí, toda una campeona del ministerio intergeneracional, y mi propia hija no entendía lo que ocurría en la adoración de las personas de distintas generaciones. Este fue un buen recordatorio que nos hizo ver que nosotros los mayores damos demasiadas cosas por sentadas y que los niños tienen mucho que aprender. Consideremos entonces algunas formas concretas de asegurarnos de que nuestros hijos tengan contacto con los adultos y estén plenamente integrados en la vida de la iglesia.

Integre el pensamiento de 5:1 en las actividades ya existentes en la iglesia

Como ocurre en su propia familia, la proporción 5:1 tampoco surgirá en su iglesia por accidente. Será necesario lograrla mediante una planificación y una programación intencionada.

Las buenas noticias son que, a medida que su iglesia vaya dirigiendo su programa hacia el objetivo 5:1, no tiene que empezar desde cero. El ministerio infantil, juvenil y la misma iglesia ya están auspiciando acontecimientos que, con un poco de planificación y algunas invitaciones más amplias, podrían adquirir un carácter más intergeneracional.

Quizás si su clase de la Escuela Dominical para adultos va a servir alimentos a la gente sin hogar, podría sugerir que se invitara a los chicos de la escuela intermedia para que se unieran al grupo.

O si es madre, puede alentar a las amigas de su hija y sus mamás a que las acompañen el próximo sábado al té de mujeres.

Si es padre, podría invitar a los amigos de su hijo y sus papás a que vayan con ustedes a la celebración anual del día del bisté frito (sea lo que sea, ¿de veras significa que los hombres fríen bistés? Nunca he asistido a uno).

Lo principal es que si su iglesia hace planes con antelación, puede aprovechar el impulso de las actividades ya existentes en lugar de empezar desde cero. Al mirar en el calendario de su iglesia, considere las formas de ser una voz —alta o sutil— a fin de lograr un cambio hacia conexiones más intergeneracionales para sus hijos y otros.

Incluya a los jóvenes en la adoración corporativa

Hace poco oí de un ministerio juvenil que está dando un gran salto hacia las relaciones intergeneracionales sólidas a través de su adoración. Como muchos otros ministerios de este tipo, este se reúne dos veces por semana, el domingo y el miércoles. El pastor de jóvenes, junto con algunos muchachos, padres y otros líderes de la iglesia, comenzaron a preguntarse: «¿Por qué nos estamos reuniendo dos veces a la semana? ¿Cuál es el propósito de cada reunión?».

Se dieron cuenta de que estaban ofreciendo el mismo tipo de adoración, enseñanza y comunión dos veces cada semana, y también constataron que casi ninguno de sus estudiantes estaba involucrado en la iglesia en general.

Por consiguiente, cancelaron su actividad del domingo. Ya no habría más reuniones del grupo juvenil los domingos. En lugar de ello, los chicos están ahora plenamente integrados a la iglesia ese día. Son ellos los que dan la bienvenida, participan junto con los adultos en el grupo de música en el momento de la adoración, ofrecen sus testimonios, y hasta de vez en cuando presentan algunas porciones del sermón. El pastor de jóvenes describió el poder de este cambio de 5:1: «Sabíamos que esto transformaría a nuestros chicos. Lo que nos ha sorprendido es cuánto ha influido en nuestra iglesia».

Otra iglesia decidió que su coro juvenil fuera el que cantara en el culto principal de los domingos a las once de la mañana. Se trataba del culto del domingo. Sabían que se arriesgaban a que el número de asistentes fuera disminuyendo hasta que solo acudieran los adolescentes y sus padres. Sin embargo, ocurrió todo lo contrario. Ese culto de las once de la mañana se convirtió en uno de los más populares, ya que los adultos que habían invertido en esos muchachos como profesores de la Escuela Dominical y padrinos de confirmación, junto con otros que sencillamente se preocupaban por los chicos, estaban impacientes por ver a aquellos adolescentes dirigiéndolos en la música de adoración.

No estoy diciendo que todas las iglesias deberían cancelar su grupo juvenil de los domingos o deshacer de su coro de adultos, sino que los padres creyentes deberían preguntarse: «¿Cómo podemos aumentar la interacción adulto-niño durante la adoración?».

A medida que hemos interactuado con las distintas iglesias por toda la nación, hemos comprobado que las iglesias más pequeñas suelen ser las que menos cuentan con programas ministeriales para niños y jóvenes a «servicio completo», por lo tanto, ya tienden a disponer de más oportunidades para las relaciones intergeneracionales. Esto es así, pero todas las iglesias —independientemente de su tamaño— pueden proyectar aumentar sus oportunidades para la interacción adulto-niño o incrementar el impacto estratégico de aquellas que ya ofrecen.

Una iglesia decidió mostrar una imagen poderosa, de una sola vez, con respecto a cómo los niños pueden y deben estar involucrados en la adoración. Un domingo, durante la música de adoración, el equipo de alabanza habitual, que estaba integrado únicamente por adultos, empezó a cantar y a tocar sus instrumentos como de costumbre.

De repente, un adolescente pasó al frente desde la audiencia y tocó el hombro del guitarrista que estaba de pie en el centro del escenario. El muchacho extendió sus manos y el músico adulto le entregó su guitarra y se marchó de la plataforma. Entonces el chico empezó a tocar.

Unos momentos después, otro joven salió del lateral de la tarima y colocó una mano en el hombro del adulto que tocaba la batería. Ocurrió lo mismo que antes: el hombre se levantó, le entregó sus baquetas al muchacho, el cual empezó a tocar, y él salió del escenario.

En pocos minutos, los jóvenes habían subido a la plataforma y ocupado el lugar de los músicos que tocaban el bajo y el teclado, así como del cantante que dirigía la alabanza. Lo que había sido un grupo de adoración de adultos al cien por ciento, ahora se había convertido en uno de estudiantes en su totalidad. Independientemente de su edad, todos los miembros de la congregación se sintieron sobrecogidos por un nuevo espíritu de adoración entusiasmada.

Entonces el pastor principal se puso en pie para predicar. Tras unos cuantos minutos, se oyó una voz que se alzaba desde bambalinas: «Si de verdad quieren dejarnos participar, debe ser en todo», y apareció un adolescente que caminó hacia donde se encontraba el pastor. Lo tocó en el hombro y el hombre dejó de predicar, le entregó el micrófono al muchacho y se bajó de la plataforma. Luego el chico acabó el mensaje.

Existe algo sumamente poderoso y hermoso en todo este simbolismo. Estamos tan acostumbrados a que los chicos se encuentren segregados en el salón de jóvenes o su clase de la Escuela Dominical, que cuando obtenemos vislumbres de su participación en la iglesia completa, sabemos que está bien. Somos conscientes de que esto contribuye a una fe más sólida.

Por mucho que me guste este simbolismo, si pudiera agitar mi varita mágica de la fe sólida (a propósito, sigo buscando la manera de inventar una), cambiaría una cosa: ¡Desearía que los adultos y los muchachos hubieran dirigido la adoración y predicado juntos! Después de todo, nuestra investigación no sugiere que los chicos deban *remplazar* a los adultos en la dirección de la alabanza. Nuestra visión es que chicos y adultos experimenten la adoración *juntos*.

Llegue a un compromiso si su hijo no quiere ir a la iglesia

Casi la mitad del tiempo que comparto la importancia de la adoración intergeneracional con los padres, ellos me preguntan: «¿Debería obligar a mi hijo para que fuera a la iglesia?». Créame, por mucho que abogue por este tipo de adoración, no soy ninguna ingenua y sé cómo se sienten los adolescentes cuando tienen que estar sentados en la iglesia. Lo experimenté bastante cuando era niña.

Esta es una pregunta difícil que a uno le gustaría responder tomando un café para poder recabar más información sobre los hijos y la familia. No obstante, sin conocer de un modo específico a su familia, permítame decirle una cosa: aunque su objetivo a largo plazo sea la conexión intergeneracional en y con una familia de la iglesia, el primer paso consiste en ayudar a su hijo a sentir que forma parte de algo que él mismo está escogiendo y de lo que disfruta. La amistad forzada no funciona demasiado bien con los adolescentes. Dependiendo de las cuestiones con las que su hijo esté tratando y la razón por la cual no quiera ir, quizás podría considerar lo siguiente:

1. Asegúrese de que sus hijos sepan que por muy importante que la iglesia sea para usted como padre, respeta su deseo de no ir. Al mismo tiempo, hágales saber que formar parte de la familia de Dios es un aspecto importante de su vida familiar.

2. Busque formas de conectar a su hijo con amistades cristianas en entornos casuales u orgánicos. A medida que se desarrollen y profundicen estas relaciones intencionadas, su hijo tendrá un mayor incentivo interno para sentirse implicado.

3. Descubra de qué actividades espirituales, si es que las hay, estarían dispuestos a formar parte o cuáles les gustarían. (Yo

haría todo lo posible por evitar «hacerles» asistir). Quizás un grupo paraeclesiástico o un culto de adoración en una iglesia distinta, o un estudio bíblico, les ayudaría a sentirse más conectados e implicados. Algunas veces, la iglesia de un amigo o el grupo de jóvenes se convertirán en un lugar donde se pueden relacionar con una comunidad de fe.

4. Finalmente, haga todo lo que pueda para conseguir un compromiso. Dependiendo de la edad y las circunstancias de su familia, pídale a su hijo que asista con usted una vez al mes, en especial si están participando en alguna otra cosa, y que lo haga debido al amor y el respeto hacia usted y su fe. Si está acudiendo a una iglesia diferente, también podría ofrecerle ir con él una vez al mes.

Desarrolle rituales para su iglesia

Además de su familia, su iglesia podría proporcionar oportunidades para rituales de 5:1. La Iglesia Presbiteriana San Clemente es una congregación que se encuentra a unos ochenta kilómetros al sur del campus de Fuller en Pasadena. Ya había aceptado la importancia de las relaciones intergeneracionales aun antes de que FYI comenzara el «Proyecto de transición a la universidad». Como resultado, mientras otras iglesias dan pasos de bebé en el plan 5:1, esta iglesia va hacia adelante a toda velocidad. Gran parte de su ADN intergeneracional se centra en rituales basados en los distintos grados escolares, o en «ritos de transición». Quizás quiera sugerir que su propia iglesia los considere.

Las familias de estudiantes de primer grado que se reúnen con sus hijos cada año para una primera comunión.

Tanto en el segundo como en el sexto grado, los niños reciben una Biblia de parte de su iglesia en la que sus padres han incluido algunas notas.

Los alumnos de quinto grado y sus familias se reúnen para celebrar una cena tradicional de Pascua.

Cuando los estudiantes alcanzan el primer ciclo de la escuela secundaria, se les suele llevar a un retiro de con-

firmación y se convierten en miembros oficiales del
cuerpo de San Clemente.

Al principio de su último año de la escuela secundaria,
los estudiantes hacen una caminata hasta la cima de
Half Dome en Yosemite con el pastor de jóvenes, los
voluntarios del ministerio juvenil y el pastor principal, el Dr. Tod Bolsinger. Este último nos comenta:
«Esta tradición es tan importante que algunos padres
de los alumnos en la escuela elemental me dicen que
me mantenga en forma para que pueda acompañar a
su hijo en esta experiencia de la caminata del rito-de-
transición»[6].

Al final del año escolar, la iglesia auspicia una ceremonia de bendición para todos los alumnos de la escuela
secundaria, los alumnos del último curso que se gradúan, los padres y los miembros de la congregación.

> Para más ideas prácticas
> intergeneracionales que pueda utilizar
> su iglesia, visite la página (en inglés)
> www.stickyfaith.org.

En esta iglesia, los estudiantes experimentan cada año rituales
de 5:1 que rompen las barreras entre la mesa de los adultos y la de
los niños.

Añada actividades intergeneracionales a su calendario de iglesia

A medida que establecíamos una red con otras iglesias que se
dirigían hacia el objetivo 5:1 y aprendíamos de ellas, nos hemos
sentido alentados por su creatividad. A continuación le ofrecemos
un puñado de ideas innovadoras que quizás desee experimentar,
o mejor aún, utilizar como trampolín para aportar ideas aún más
creativas.

> *Los grupos pequeños de mi iglesia también han sido una gran presencia al permanecer conectados con nosotros [...] han propuesto nuevos proyectos y [...] formas de mantenerse conectados con los estudiantes universitarios. Eso está realmente bien también, sobre todo cuando mis compañeros de habitación lo descubren, ya que no son cristianos particularmente firmes. Durante Halloween enviaron provisiones, lo cual resulta fantástico, pues mis colegas de habitación ven esa inmensa caja en el porche, llena de caramelos, golosinas y cosas por el estilo, y preguntan: «¿Quién ha enviado esto?». Y es muy agradable poder compartir con ellos quién lo ha hecho.*
> —Bethany

Mantenga una tutoría en cuanto a la tecnología. Reúna a sus hijos con adultos mayores y deje que sean los adolescentes quienes les enseñen cómo enviar mensajes de texto para que puedan estar en contacto con sus nietos.

Celebre un baile de jóvenes y personas mayores. Invite a chicos de la escuela secundaria y a adultos mayores para un baile (o, dependiendo de las distintas denominaciones, podría tratarse de un banquete). ¡Pon música de los cincuenta y que empiece la celebración!

Programe una nueva fiesta de cumpleaños cristiana. Una vez al año, programe una gran fiesta de cumpleaños para la gente de todas las edades que se haya convertido. Decore con serpentinas y globos, sirva pastel y helados, e invite a toda la iglesia para que celebre las «nuevas creaciones» de todas las edades.

Haga que los adolescentes adoren con los niños. Una vez por trimestre, invite a los adolescentes para que se unan a la experiencia de la adoración infantil. Haga que tanto los pequeños como los mayores participen en la música de adoración, los anuncios y la enseñanza.

Salga a acampar. Organice una salida de fin de semana con familias de otra iglesia y experimenten la belleza de la creación de Dios juntos bajo las estrellas. Compartan historias alrededor de una hoguera mientras asan malvaviscos.

UNAS CUANTAS NOTAS FINALES

> *Una o dos señoras mayores me envían tarjetas de vez en cuando a la universidad y ellas son las personas con las que más converso cuando vuelvo a mi antigua iglesia y saludo a todo el mundo. La mayoría de las veces solo se trata de una breve charla y son pocas las cosas de las que hablamos, pero es muy bueno conservar esa pequeña figura de abuela.*
> —Rajeev

Es posible que haya notado en nuestra lista de ideas 5:1 anterior que muchas de ellas giran en torno a unir a los chicos con los adultos mayores. Ambos grupos suelen sentirse marginados y subestimados. Además, los adolescentes sienten una especial ternura por los adultos mayores y viceversa. (¿Recuerda el estrecho vínculo entre el anciano Sr. Fredrickson, de setenta y ocho años, y el joven Russel en la pelicula *Up*?

Como nos recuerda el teólogo Stanley Hauerwas, proporcionar formas en las que los adultos mayores construyan relaciones significativas con los adolescentes hace que los primeros alcancen su pleno potencial en el reino. Hauerwas argumenta de manera convincente que, cuando las personas envejecen, «no pueden desplazarse a Florida y abandonar la iglesia para sobrevivir por sí solas. Para los cristianos no hay "Florida", aunque vivan allí. Es decir, debemos seguir estando presentes para quienes han hecho de nosotros lo que somos de modo que podamos convertir a las futuras generaciones en aquello que están llamadas a ser. Entre los cristianos, la vejez no es ni puede ser una oportunidad perdida»[7]. Ayudar a que sus hijos se conecten con adultos mayores es, por lo tanto, una forma extraordinaria de hacer que tu tren 5:1 se desplace por los rieles.

> Para más ideas acerca de una fe sólida que implique a los abuelos, visite la página (en inglés) www.stickyfaith.org

Por último, aunque no menos importante, esas familias que utilizan mejor el 5:1 para apartarse de la dicotomía entre las mesas de adultos y chicos suelen emplear el servicio o la obra social como trampolín para las relaciones intergeneracionales. Cuando esté pintando una pared o alimentando a alguien sin hogar, la mayoría de las barreras y las torpezas de la diferencia de edad se derrumbarán rápidamente. Nuestro siguiente capítulo está dedicado exclusivamente a la justicia. Así que cuando vuelva la página, le ruego que siga leyendo a través de sus lentes de 5:1.

Reflexiones y preguntas para el debate

1. ¿Hasta qué punto se encuentran sus hijos en la «mesa de los niños» en su vida y su iglesia? ¿Qué es lo bueno de eso? ¿Qué podría resultar problemático?
2. ¿Cuáles son las ventajas de intentar rodear a cada uno de sus hijos de cinco adultos que se preocupen por ellos? ¿Cuáles son los costos?
3. ¿Cómo puede ayudar (si es que resulta posible) a cambiar la cultura de su iglesia por medio de la función que desempeña en ella? Aunque tenga una esfera de influencia limitada en su iglesia, ¿qué cambios puede sugerir en su propia área?
4. ¿Qué ideas tiene para ayudar a que sus hijos se conecten con otros adultos y se dirijan hacia la proporción de 5:1?
5. ¿Cómo le explicaría a sus hijos su objetivo de 5:1?

{ 6 }

Una justicia
inquebrantable

*Mis padres son muy serviciales tanto en la iglesia
como fuera de ella. Cuando veo ese ejemplo,
constato el tipo de servicio a la imagen de Cristo
que desempeñan*
—Missy

*Mis padres han estado siempre involucrados en
algún ministerio de la iglesia y han mantenido
en todo momento una puerta abierta en nuestra
casa para que la gente pudiera entrar y salir. Sus
propias vidas han sido un buen testimonio para mí
mientras crecía.*
—Albert

Si le preguntara a sus hijos, ¿qué dirían que constituye el núcleo central de lo que significa ser parte de su familia?

En otras palabras, ¿cómo acabarían sus hijos esta frase: «Nuestra familia es…»?

Mi esposo (el de Kara) creció con un sentido muy fuerte de lo que significa ser un Powell. Tanto por su ejemplo como por sus palabras, los padres de Dave le inculcaron que ser parte de la familia Powell significaba trabajar duro y buscar formas de servir a otros con humildad.

Él y yo estamos intentando transmitirles un sentido similar de identidad como familia a nuestros propios hijos. Incluso utilizamos frases como «En nuestra familia, nosotros...» o «En nuestra familia no...».

Asimismo, hemos procurado definir nuestra identidad a través de las oraciones que hacemos. Cuando nuestro primer hijo se hallaba aún en mi seno, establecimos cuatro frases que resumían nuestros deseos profundos para lo que sería nuestra familia y aquello en lo se que convertiría. Oramos esas cuatro declaraciones con respecto a nuestros hijos cada noche y también forman parte de lo que pedimos para ellos como pareja. En realidad, captan quiénes Dave y yo queremos ser.

Rogamos al Señor que nos haga:

> Líderes y aprendices.
> Gente de gentil fortaleza.
> Individuos que asumen riesgos y se sienten satisfechos.
> Personas que aman y sirven a Dios y a los demás.

Esta última frase constituye la superoración. Representa el eje desde el cual fluyen los otros tres aspectos. Si tuviéramos que quedarnos solo con una frase para orar, sería que los Powells fuéramos personas que amen y sirvan a Dios y a los demás.

De muchas formas, es de eso que trata todo este libro: ¿Cómo podemos ser padres que aman y sirven a Dios y a los demás, y que educan a hijos que hacen lo mismo? Sin embargo, en este capítulo nos vamos a centrar en un fragmento de esa frase: ¿Cómo educar a hijos que sirvan? En otras palabras, ¿cómo podemos plantar la visión del reino en cuanto al servicio de una forma tan profunda en nuestros hijos que no puedan sino ofrecer amor y esperanza a los que están en necesidad?

El mes pasado conocí a una familia que comparte este anhelo de que sus hijos tengan un corazón dispuesto para el servicio. Han hecho un compromiso como familia a fin de ayudar a la gente sin hogar, no dándoles dinero, sino comprándoles una bolsa de comida. A medida que sus tres hijas iban creciendo, los padres les explicaron sistemáticamente: «Nuestra familia no da dinero cuando alguien se acerca a pedir en la calle, sino que le compramos comida». Cuando los abordaba alguien sin hogar, los padres corrían a un supermercado cercano y compraban una bolsa de comida para la persona necesitada, con frecuencia acompañados por sus hijas.

Hace poco, su hija de diecisiete años, Kristen, se dirigía sola a una tienda de comestibles cuando se le acercó un hombre sin hogar que le pidió dinero. Aunque nadie la acompañaba, repitió el mantra familiar: «Nuestra familia no da dinero, sino que compramos comida». Luego entró en la tienda y gastó diecisiete dólares de su bolsillo para comprarle alimentos a esta persona.

Cuando le contó la historia a su madre, esta esperó conteniendo el aliento, preguntándose si Kristen le pediría que le devolviera los diecisiete dólares.

Kristen no lo hizo.

En ese momento, Kristen mostró una fe sólida.

Me gusta esta historia y aplaudo a dicha familia. Espero que mis hijos utilicen algún día su propio dinero para comprarle alimentos a alguien que lo necesite. Creo que Jesús quiere que suplamos las necesidades inmediatas de los demás.

En estos días estoy conociendo a más familias que se dan cuenta de que darle a alguien alimentos por valor de diecisiete dólares es un importante primer paso en el largo camino del cambio a largo plazo. Además, este vital primer paso debe ir seguido de otros, como hablar con la persona sin hogar para descubrir por qué se halla en esa situación. O tal vez conocer los recursos del servicio social y el departamento laboral de nuestra ciudad para poder trabajar con el individuo e identificar las maneras en que puede conseguir su propia comida durante las próximas semanas o meses. Este tipo de enfoque sistémico en cuanto a socorrer a los demás es el que nos ayuda a nosotros y nuestros hijos (por no hablar del hombre sin hogar) a dar el paso desde el servicio a corto término a una justicia sostenible.

Servir es dar un vaso de agua fría a alguien que tiene sed. Representa un acto noble y, seamos sinceros, es todo lo que podemos hacer con el tiempo y la capacidad de que disponemos.

No obstante, la justicia llega más profundo. La justicia se pregunta por qué la persona no pudo conseguir su propio vaso de agua, la ayuda a descubrir cómo conseguirlo, y trabaja con ella para que pueda ayudar a que otros consigan el suyo también.

¿Acaso es difícil? Puedes apostar a que sí.

¿Toma más tiempo? Lamentablemente, sí.

¿Pero conduce a una transformación más profunda? Por supuesto.

Al zambullirnos en nuestros descubrimientos notables sobre cómo perseguir la justicia puede hacer que la fe sea real para nuestros hijos, permítame empezar por definir y describir la justicia bíblica.

DESCUBRIMIENTOS NOTABLES

La justicia es un valor y un tema bíblico

Un líder me comentó el mes pasado que su iglesia «pierde los estribos» cuando él utiliza la palabra *justicia*, la cual parece desencadenar una de dos imágenes en la mente de sus miembros: la de los hippies drogadictos y radicales de los sesenta, o la de los creyentes «liberales» que hablan más de libertad y derechos que de Jesús o la salvación.

Le respondí: «Entonces tu iglesia no ha leído la Biblia. En ella se habla de la justicia como uno de los atributos centrales de Dios y es un término que debemos reclamar».

Unas simples nociones de algunos pasajes de las Escrituras bastan para revelar la profunda preocupación que Dios siente por la justicia.

«Seguirás la justicia y solamente la justicia, para que puedas vivir y poseer la tierra que te da el SEÑOR tu Dios» (Deuteronomio 16:20).

«Maldito sea quien viole los derechos del extranjero, del huérfano o de la viuda» (Deuteronomio 27:19a).

«¡Levántate, SEÑOR, en tu ira; enfréntate al furor de mis enemigos!¡Despierta, oh Dios, e imparte justicia!» (Salmo 7:6).

«El SEÑOR HACE JUSTICIA y defiende a todos los oprimidos» (Salmo 103:6).

«Dichosos los que practican la justicia y hacen siempre lo que es justo» (Salmo 106:3).

«Pondré como nivel la justicia, y la rectitud como plomada» (Isaías 28:17a).

«Yo, el Señor, amo la justicia, pero odio el robo y la iniquidad» (Isaías 61:8a).

«Si alguien ha de gloriarse, que se gloríe de conocerme y de comprender que yo soy el Señor, que actúo en la tierra con amor, con derecho y justicia, pues es lo que a mí me agrada— Afirma el Señor» (Jeremías 9:24).

«¡Pero que fluya el derecho como las aguas y la justicia como arroyo inagotable!» (Amós 5:24).

«¡Ya se te ha declarado lo que es bueno! Ya se te ha dicho lo que de ti espera el Señor:
Practicar la justicia, amar la misericordia, y humillarte ante tu Dios» (Miqueas 6:8).

«¿Acaso Dios no hará justicia a sus escogidos, que claman a él día y noche? ¿Se tardará mucho en responderles?» (Lucas 18:7).

«Dios lo ofreció como un sacrificio de expiación que se recibe por la fe en su sangre, para así demostrar su justicia» (Romanos 3:25a).

La justicia bíblica suple todo tipo de necesidad

Hay otra palabra en las Escrituras que está estrechamente vinculada con el término *justicia* y es *shalom*. Tendemos a identificar el termino shalom con «paz», como en el sentido subjetivo de la paz de un individuo (por ejemplo: «Siento paz al pensar que cumpliré con mi fecha tope que se acerca») o como en la ausencia de violencia y conflicto físico (por ejemplo: «Estamos orando que haya paz en el Oriente Medio»).

Ambos usos son muy precisos, pero igual que en el caso de la palabra justicia, a la hora de entender el término shalom nos quedamos demasiado cortos. Al describir shalom en su relación con la justicia, el Dr. Nicholas Wolterstorff, profesor de teología filosófica en la Universidad de Yale, escribe: «El estado de shalom es el estado de florecimiento en todas las dimensiones de la existencia de una persona: en la relación con Dios, con los demás seres humanos, con la naturaleza y con uno mismo. Evidentemente, la justicia tiene algo que ver con el hecho de que el amor divino por todas y cada una de las criaturas humanas de Dios toma la forma de su deseo de shalom para ellas»[1].

Mucho más que un sentimiento cálido y confuso, el shalom de Dios significa que corregimos los errores a nuestro alrededor —tanto local como globalmente— de modo que todos puedan experimentar el florecimiento holístico que Dios pretende. No hay falta de oportunidades para enmendar las equivocaciones, ya sea que se trate de los que están en la pobreza, los discapacitados, los encarcelados, los marginados o los que pasan a integrar un nuevo país o cultura. Usted y su familia pueden ofrecer shalom mediante la interacción personal con estas personas, o trabajando para mejorar nuestro sistema político, económico y educativo.

Los chicos quieren implicarse en el servicio y la obra social

He aquí algunas buenas noticias: los estudiantes que encuestamos nos dijeron que deseaban extender el shalom de Dios a las minorías, los marginados y los perdidos. Les preguntamos a los estudiantes a punto de graduarse del último curso de la escuela secundaria qué habrían querido tener más en el grupo de jóvenes. De las trece opciones que proporcionamos, su respuesta número uno fue: «tiempo para la conversación profunda».

La segunda fue viajes misioneros.

La tercera, proyectos de servicio.

La última era juegos. (Debo admitir que una encuesta a chicos del séptimo grado habría arrojado una jerarquía distinta).

Incluso la MTV se está dando cuenta de que la justicia está «en el interior» de los niños y jóvenes adultos. Aunque sigue emitiendo programas que elevan la decadencia como *My Super Sweet 16* y *MTV Cribs*, esta cadena también planea difundir *reality shows* por televisión que presenten a muchachos que viajan por todo el país, haciendo que los deseos se hagan realidad para gente local que se lo merece y se enfrenta a enfermedades debilitadoras o se ve atrapada en la pobreza[2]. ¿No sería fantástico que algún día la MTV dedicara todo un programa a chicos de fe comprometidos de manera inquebrantable con la justicia?

La obra misionera a corto plazo no conduce a una transformación duradera

El servicio y la obra social —tal como los llevamos a cabo en la actualidad— no son tan impactantes como esperábamos. Más de dos millones de adolescentes estadounidenses realizan viajes misioneros cada año[3]. Aunque es algo digno de aplaudir, para cinco o seis de ellos estos viajes no tienen gran impacto en su vida[4].

Diversos proyectos de investigación dirigidos por dos amigos y colegas de otras escuelas, como Robert Priest, de la Escuela de Teología Evangélica Trinity, y Kurt Ver Beek, de la Universidad Calvin, sugieren que nuestras experiencias actuales de servicio podrían no tener tanta repercusión como cabría esperar, al menos no a largo plazo. Por ejemplo:

El crecimiento explosivo en el número de viajes misioneros breves entre niños y adultos no se ha traducido en un aumento igual de sensacional en el número de carreras misioneras.

No queda claro si la participación en los viajes de servicio logra que aquellos que se involucran den más dinero para aliviar la pobreza cuando regresan a la vida habitual.

Los viajes de servicio no parecen reducir las tendencias de los participantes al materialismo[5].

Parafraseando el mantra de la película *Campo de sueños*, si los enviamos, crecerán.
Puede ser.

El servicio es más cuando se realiza cerca de casa

Hace algunos años la MTV dirigió una encuesta a nivel nacional con el fin de entender cómo y por qué la juventud estadounidense es tan activa en las causas sociales[6]. Las cinco razones principales por las que los niños no se involucran son:

1. Sencillamente no es para mí (dieciocho por ciento).
2. Me gusta salir con los amigos (quince por ciento).
3. No tengo bastante tiempo (catorce por ciento).
4. No sé por dónde empezar (catorce por ciento).
5. Quiero ver resultados concretos (ocho por ciento).

El sesenta y dos por ciento dice que las cuestiones que más importan son las que les han afectado a ellos o a alguien conocido.

El setenta por ciento de los niños involucrados en el activismo informan que el estímulo de sus padres ha sido el factor principal en su elección de participar.

Los dos factores más importantes que motivarían a los niños a estar más involucrados son:

1. Si pudieran llevar a cabo la actividad con sus amigos.
2. Si tuvieran más tiempo para presentarse como voluntarios o estas actividades resultaran más convenientes[7].

Al pensar en nuestro papel a la hora de crear espacios para que nuestros hijos experimenten el servicio, un tema emerge de los descubrimientos de la MTV: la justicia será más inquebrantable cuando llegue a los niños en casa. Es necesario que tenga lugar *literalmente* en casa, mientras nosotros, como padres, ejemplarizamos, estimulamos y participamos en verdad con nuestros hijos en la tarea de enmendar los errores a nuestro alrededor. Es preciso que se produzca *temáticamente* en casa, mientras ayudamos a que nuestros hijos entiendan cómo las injusticias particulares se relacionan con nuestra vida. Ha de ser *personalmente* en casa, mientras exponemos a nuestros hijos a gente real que ha sido oprimida, poniéndole así un rostro y un nombre a la injusticia. Y el ministerio de la justicia necesita desarrollarse *relacionalmente* en casa, al ayudar a que nuestros hijos sirvan a otros junto con sus amigos.

LA FE SÓLIDA LLEVADA A LA PRÁCTICA

Encuentre causas importantes para su hijo

De los padres que he conocido, los que mejor consiguen que sus hijos se comprometan con la justicia son los que relacionan a su descendencia con causas importantes, aquellas que afectan a niños cercanos a casa.

Recientemente oí hablar de una familia que ha encontrado una causa digna a través de su iglesia, la *Frontline Community Church* en Grand Rapids, Michigan. El octubre del año 2009, un equipo de la iglesia realizó un breve viaje misionero a Puerto Príncipe, Haití. Una vez allí, conocieron a Kelencia, una niña de dos años que utilizaba pañales de la talla uno.

Se le informó al equipo que la niña tenía un agujero en el corazón y los doctores haitianos explicaron que si no se le practicaba una operación, tenía muchas probabilidades de morir en un año. El grupo llamó a los hospitales de todo Michigan hasta que uno, en Ann Arbor, estuvo de acuerdo en realizar gratuitamente dicha operación, que tenía un costo de cien mil dólares. Lo único que debía hacer la iglesia era recaudar unos pocos miles de dólares para un viaje de ida y vuelta en avión y otros gastos como visas, ropa y alimentos para Kelencia durante su estancia en los Estados Unidos.

Los adolescentes de la iglesia se ofrecieron voluntarios para recolectar los fondos. Los chicos trabajaron en grupos pequeños y echaron mano de toda la creatividad que Dios les había dado a fin de realizar esta tarea. Unas estudiantes de la escuela secundaria aprendieron a tejer y se pasaron dos fines de semanas completos haciendo toallitas de aseo y paños de cocina que después vendieron, reuniendo doscientos dólares.

Otro grupito de niños compró un montón de golosinas y compusieron un poema basado en los distintos colores de las mismas y en cómo se relacionaban con las Escrituras. Hicieron pequeñas bolsitas con las golosinas y añadieron el poema y la historia de Kelencia. Luego se las vendieron a amigos, familiares y completos desconocidos, recaudando doscientos cincuenta dólares.

Un alumno de décimo grado, Ian, trabajó con su grupo pequeño para recolectar latas de refrescos. Sin embargo, su interés en

Haití no se limitó a esta tarea. Quiso conocer a Kelencia y ver Haití con sus propios ojos, de modo que presentó una solicitud para volver a Puerto Príncipe con el equipo misionero de la organización nacional. Cuando la aceptaron, su padre, Pat, comprendió que si él también hacía el viaje, este sería un punto de contacto que duraría toda la vida.

Pat le preguntó entonces a su hijo si le parecía bien que lo acompañara y este le dio una repuesta que le resultará familiar a cualquier padre de adolescentes: «Está bien, siempre que no me agobies».

El padre contestó con gran sabiduría: «Haré todo lo posible, pero si me paso de la raya, no tienes más que corregirme. Estoy seguro de que nos llevaremos bien».

Ian y los demás estudiantes acabaron recaudando dos mil doscientos dólares para los gastos de Kelencia, mucho más de lo que necesitaba. Toda la iglesia celebró las emocionantes noticias: en cuatro meses, Ian, Pat y otros miembros visitarían a Kelencia en Haití. Tres meses después de esto, ella volaría a Michigan para que le practicaran la cirugía que salvaría su vida.

Tres días más tarde de la celebración de la iglesia, el 12 de enero del 2010, un terrible terremoto azotó Haití. Durante veinticuatro horas la iglesia no supo si Kelencia se había salvado. Finalmente, se recibió una llamada telefónica que les comunicó que toda la ciudad donde vivía la niña había quedado arrasada y ella no había sobrevivido.

El pastor del grupo Nueva Generación de la iglesia, Matthew Deprez, describe lo que esta experiencia significó para los adolescentes. «Aquella noche le dimos la noticia a los muchachos que acababan de recaudar todo aquel dinero para ella. No se puede describir con palabras lo que sucedió durante la velada. Los estudiantes lloraron durante horas. Fue horrible».

La respuesta de Ian resultó un poco diferente. Se acercó a Matthew y preguntó: «¿Está cien por ciento seguro de que Kelencia está muerta?».

La sincera contestación del pastor fue: «No, pero tenemos una seguridad del noventa y nueve por ciento».

Ian replicó: «No lo creeré hasta que lo sepamos con un cien por ciento de certeza. Me aferro a ese uno por ciento».

Su optimismo estaba bien fundado. Veinticuatro horas más tarde, la iglesia recibió otra llamada diciendo que Kelencia estaba viva y apenas tenía unos rasguños.

Transcurridos cuatro meses, Ian y su padre visitaron el orfanato con otros miembros de su iglesia y conocieron a la niña personalmente. El tiempo que pasó con ella y los demás niños necesitados reforzaron su interés por estudiar para ser maestro.

Durante el viaje, el equipo acababa cada día respondiendo una sencilla pregunta: «¿Cuál ha sido tu *mejor momento* del día?». Por lo general, Ian respondía antes que Pat y hablaba de las personas que había conocido, o de los huérfanos con los que había jugado, o de lo que había aprendido sobre Haití. Después del viaje, Pat recordaba. «Cuando me llegaba el turno de describir mi *mejor momento*, mi respuesta más sincera era que lo más destacado de ese día había sido ver cómo mi hijo describía *sus* momentos relevantes. Sabía que si lo comentaba Ian se sentiría incómodo, por eso nunca di esta respuesta. No obstante, ese fue el *momento* de cada día para mí».

Es posible que no pueda ir a Haití, pero creo que cada día se oyen noticias que le recuerdan tanto a usted como a su hijo todo lo que va mal en nuestro mundo.

El año pasado, por ejemplo, me quedé asombrada cuando un artículo del *New York Times* perfilaba los bailes universitarios segregados[8]. No tenía la más remota idea de su existencia, pero en unas cuantas escuelas públicas de Georgia y Tennessee que solo ofrecen un baile oficial, algunos padres se han unido a fin de ofrecer uno extraoficial para «blancos» y otro para «negros». (Por cierto, ¿se ha dado cuenta de que son los *padres* quienes están detrás de estos bailes segregados?).

No podría decir con seguridad si lo que siento es enojo o tristeza. Sin embargo, una cosa es cierta: si yo como madre viviera en estas zonas, hablaría con mis hijos de esta injusticia cerca de casa e imaginaria formas de corregir un error semejante.

Si su hijo ha tenido una jornada académica llena de baches durante la escuela intermedia o secundaria, podría sentirse inclinado a ser mentor de niños de la escuela elemental.

Si tiene hijas adolescentes, podría descubrir que sienten una conexión especial con las víctimas del tráfico sexual.

¿Cuál es el mal que azota cerca de sus hijos? Si no tiene una respuesta para esta pregunta, hágasela a ellos y conseguirá una.

Sirvan juntos como familia

Es posible que sus hijos estén sirviendo a través del ministerio de jóvenes de su iglesia y que usted sea voluntario en uno distinto. Aunque esto es bueno, quizás se esté perdiendo el gran impacto de servir juntos.

Basándose en su exhaustivo estudio de treinta y dos congregaciones de diversas denominaciones y regiones geográficas de los Estados Unidos, Diana Garland ha comprobado cuál es la repercusión cuando los miembros de la familia sirven juntos y no por separado. Ha descubierto que «a diferencia del servicio en familia, los proyectos individuales pueden constituir una gran tensión en la vida familiar, llegando a separar a los miembros unos de otros en lugar de unirlos en una actividad compartida»[9]. Los proyectos y las oportunidades de servicio en conjunto les proporcionan a las familias unas experiencias y unos recuerdos comunes, aunque solo sea por unas cuantas horas. Este tipo de servicio puede adquirir numerosas formas, desde empaquetar comida para los «sin techo», hasta realizar algunos viajes misioneros juntos.

Rob es un padre de tres niños pequeños comprometido con el servicio a los pobres como consecuencia de la pasión que sus propios padres sentían por las misiones. Él recuerda lo siguiente: «Mis padres siempre tuvieron un enfoque en las misiones. Mientras mi padre crecía, hizo muchos viajes por su cuenta para servir en distintos lugares. Estando yo en la escuela intermedia, regresó de uno de estos periplos y afirmó que no volvería a hacer otro hasta que pudiéramos ir todos juntos como familia».

Cuando Rob era estudiante de noveno grado, toda su familia pasó diez semanas sirviendo en una granja-escuela dirigida por misioneros para doscientos niños en Honduras. La familia trabajaba en la granja medio día y dedicaba la otra mitad a asistir a clases.

Su padre había estado antes allí, de modo que pudo compartir con antelación lo que se podía esperar y la intención del viaje. Al llegar al lugar, sus padres le recordaron esto sobre todo en medio del arduo trabajo o cuando Rob echaba de menos a sus amigos y sus actividades en casa. «Esa es la razón por la cual estamos aquí. Dios nos ha llamado a hacer esto». El viaje tuvo un profundo impacto en la fe de Rob y sus hermanos, dos de los cuales habían sido adoptados por la familia en otro país latinoamericano.

En la actualidad, Rob está pensando en cómo repetir este tipo de experiencias con sus propios hijos. Él comenta: «Decididamente, es el resultado de las prioridades del hogar en el que crecí. Estas semillas se plantaron hace mucho tiempo».

Ese es el tipo de justicia inquebrantable.

Convierta la obra social en un proceso y no en un acontecimiento

Nuestra investigación arroja la buena noticia de que los niños quieren servir. Sin embargo, como hemos comprobado, las malas nuevas son que nos quedamos cortos y no producimos todo el fruto que podríamos en esta viña. La obra social tiene más probabilidades de desarrollarse cuando, lejos de ser un acontecimiento, es un proceso.

En el transcurso de varios años atrás, nosotros los del FYI, en colaboración con Dave Livermore, del Centro Global de Aprendizaje en el Seminario Teológico de Grand Rapids, y Terry Linhart, de la Universidad Betel (Indiana), convocamos dos cumbres de expertos en misiones breves a fin de desarrollar sinceros debates sobre lo que la investigación afirma que estamos —y no estamos— logrando por medio de nuestra obra misionera[10]. Una cuestión surge una y otra vez: necesitamos hacer un mejor trabajo caminando con nuestros hijos antes, durante y después de su experiencia misionera[11].

El modelo antes/durante/después

Como resultado de nuestras cumbres y las encuestas realizadas a los chicos, en el FYI recomendamos una estructura educativa experimental que fue originalmente propuesta por Laura Joplin[12] y más tarde modificada y probada por el Dr. Terry Linhart[13] en viajes misioneros juveniles, llamada el modelo antes/durante/después[14].

Paso 1. Antes: *marco*

Un servicio genuino o la experiencia de la justicia comienzan cuando ayudamos a nuestros hijos a encuadrar las experiencias, a veces asombrosas y otras veces poco importantes, que les esperan. Si sus hijos van a interactuar con gente sin hogar, pídales que imaginen cómo es vivir en las calles. Si están interesados en hacer un breve viaje misionero, siéntese con ellos, descubra por qué sienten ese interés y ayúdeles a pensar sobre la manera en que esta expedición podría abrirles los ojos. Independientemente de la experiencia, prevea con sus hijos con qué personas van a interactuar y lo que pueden aprender sobre ellos mismos, los demás y Dios durante su obra social.

> Para más detalles sobre el modelo antes/durante/después y una justicia inquebrantable, visite la página (en inglés) www.stickyfaith.org.

Paso 2. Durante: *experiencia y reflexión*

El componente principal en el aprendizaje de los estudiantes durante su servicio real es el ciclo de experiencia y reflexión. El aluvión de experiencias en un servicio de aventura típico llega de forma tan rápida y frenética que nuestros hijos suelen sentirse como si estuvieran corriendo a toda prisa por un museo, lanzando apenas una mirada a las obras maestras con el rabillo del ojo. Aunque nosotros como padres no estemos con nuestros hijos durante su servicio social, esperamos que sus acompañantes adultos estén dispuestos a dejarlos recuperar el aliento y hacer las preguntas necesarias para descifrar el significado subyacente en sus observaciones, pensamientos y sentimientos.

Algunas preguntas que podrían resultar útiles para que sus hijos procesen su experiencia son:

- ¿Cuál ha sido tu parte favorita?

- ¿Cuál ha sido la parte más difícil?

- ¿Qué hiciste bien?

- ¿Qué errores has cometido?

- ¿De qué forma has visto obrar a Dios?

- ¿De qué manera has visto que Dios usaba a los demás?

- ¿Para qué preguntas de las que te hacías has conseguido al menos una respuesta parcial?

- ¿Qué nuevas preguntas te suscita tu experiencia?

Paso 3. Después: información inicial

El objetivo del tercer paso es hablar con nuestros hijos e hijas cuando regresen a casa para ayudarlos a identificar aquellos cambios que ellos esperan se consoliden a largo plazo. Si tiene la oportunidad, siéntese con su hijo y formule preguntas como:

- ¿Cómo ha obrado Dios por medio de ti? ¿Qué te dice esto en cuanto a la forma en que Dios podría querer obrar a través de ti ahora que estás en casa?

- ¿De qué manera ha moldeado la experiencia tu visión del servicio y la justicia? ¿Qué diferencia podría esto suponer ahora?

- ¿Qué has aprendido sobre la gente pobre o distinta a ti? ¿De qué forma quieres que esto te moldee ahora?

- ¿Qué ideas tienes que contribuyan a que esto sea más que una experiencia de una sola vez y suponga un verdadero impacto en tu vida?

Paso 4. Después: transformación constante

En el cuarto paso, a lo largo de las siguientes semanas, nosotros como padres ayudamos a nuestros hijos con la transformación constante, como si conectásemos los puntos entre almorzar con un hombre sin hogar en Baltimore y comer con un chico nuevo en la cafetería de la escuela al mes siguiente.

En su encuesta a más de cincuenta iglesias de varias denominaciones y regiones de los Estados Unidos, Diana Garland descubrió que las familias que sirven «desean fundamentar de alguna manera lo que hacen en su vida de fe. Como cristianos, quieren que su servicio tenga sentido»[15]. Este enfoque de antes/durante/ después con respecto al servicio puede ayudar a que toda la familia haga progresar su trabajo de asistencia y obra social desde el lado poco profundo de la simple actividad hasta el más hondo del debate y el crecimiento.

Un padre que también es pastor compartió la importancia de conversar con sus cuatro hijos antes y después de sus tareas de servicio. Él afirmó: «Tanto antes como después de que nuestros hijos vayan a servir a algún lugar, buscamos oportunidades que se puedan convertir en una conversación con ellos. Debemos ser muy intencionados y estar atentos a las ocasiones propicias, pero sin forzar nada. Cuando mis hijos se "huelen" que los estamos presionando demasiado, resulta contraproducente.

»Mi esposa Suzanne lo explica de esta forma: "Escuchamos con sumo cuidado y buscamos puertas que se puedan abrir. Presionamos con mucha suavidad y, si abren, entramos". Para cada chico, las puertas y los momentos de llamar a ellas son distintos. Para uno, con una pregunta directa bastaría para que cerrara la puerta con fuerza, mientras que a otro le encanta que lo invites a tomar un refresco en algún sitio y tener un largo diálogo. Uno necesita que lo estimules con moderación y mucho tiempo y espacio; a otro le basta con una atención concentrada y una sola pregunta. Para uno, las conversaciones surgen por el camino; para otro, son el acontecimiento principal. Uno opina que deben tener lugar en una lenta tarde de fin de semana, y otro que es estrictamente un asunto para una hora tardía de la noche».

Y continuó diciendo: «Creemos que estas conversaciones son importantes en sus vidas. Dios nos da el privilegio, si queremos, de caminar con nuestros hijos mientras procesan la transformación y la dirección divinas. Estas charlas no ocurren por arte de magia. No podemos cuantificar ni compartimentar lo que se logra mientras escuchamos, formulamos preguntas sinceras, descubrimos las cosas juntos y oramos. No obstante, si abandonamos el esfuerzo de participar en estas discusiones, nos arriesgamos a la consecuencia no intencionada de comunicar que Dios solo obra en el suceso del servicio y no en nuestras vidas diarias».

Asimismo, advirtió: «Si no aprovecha estas oportunidades de conversar con sus hijos seriamente, será un pobre administrador. Sin embargo, preste atención […] si lo hace, lo desafiarán a niveles muy profundos. Procesar los viajes misioneros con nuestros hijos ha supuesto revisar muy a fondo nuestro presupuesto y la forma en que gastamos nuestro dinero, la elección del lugar donde vivir, qué actividades de la iglesia se convierten en una prioridad, y si Dios querría que nuestra familia asumiera el cuidado de algún niño o se involucrara en un proceso de adopción. Ha significado enviar a un niño al extranjero entre la escuela secundaria y la universidad, anulando así la oportunidad de recibir una beca. Ha cambiado los sueños universitarios de un muchacho que ha tenido que luchar duramente con las deudas y las restricciones subsiguientes en las que ha incurrido debido a una cara escuela privada y el llamado de Dios en su vida. Como padres, hemos tenido que seguir creciendo en nuestro propio compromiso con estas cuestiones, sin permitirnos creer que habíamos llegado a un entendimiento de cómo vivir según el corazón de Dios en nuestra cultura».

Esta familia se toma muy en serio su responsabilidad de procesar los viajes misioneros con sus hijos. Nos inspira, y esperamos que tenga el mismo efecto sobre usted.

Desarrolle relaciones continuas con aquellos a los que sirve

Considerar la justicia como un proceso de antes/durante/después también permitirá que su familia desarrolle unas relaciones reales y constantes con personas de distintas culturas y posición socioeconómica.

Una familia compartió su experiencia en cuanto a involucrar a sus hijos a una edad temprana en relaciones con chicos pobres. Lo que comenzó como una participación en un sencillo proyecto de Navidad se convirtió en un compromiso a largo plazo con los miembros de una comunidad en Baja, México. Cuando Cal y Hayley vieron que su iglesia iba a ayudar a algunas familias mexicanas mediante el suministro de cajas de regalo navideñas, escogieron una fotografía de una niña llamada Karina, que tenía la misma edad que su hija Sofía. Ella tenía dos años en aquella época, pero la familia no solo decidió donar la caja que pedían, sino también orar por Karina durante todo el año siguiente. Con frecuencia, su hija les recordaba que oraran por aquella niña y se aseguraba de que la familia conservara su fotografía en un lugar destacado.

Dos años más tarde, la iglesia de Cal y Hayley promocionó un viaje a aquella misma iglesia en México para entregar las cajas navideñas y servir allí y en la comunidad durante un largo fin de semana. Ellos decidieron llevar a su familia (que ahora incluía a otra hija) a aquel viaje organizado. Luego de dos años de haber estado orando con Sofía, este viaje abrió la posibilidad de que su familia conociera personalmente a Karina y los suyos. Resultó que esta niña no solo era parte de la pequeña comunidad, sino que en realidad vivía cruzando la polvorienta calle, al otro lado de la iglesia. Sofía estaba encantada de por fin conocer y jugar con la amiga por la que había orado con sus padres. Cal y Hayley también conocieron a los padres de Karina y forjaron amistad (con la ayuda de un buen traductor). Ellos intercambiaron regalos, ya que la mamá de Karina les obsequió caramelos de su pequeño puesto callejero a los niños que los visitaban.

Este fue el comienzo de una relación que ha continuado por muchos años. La familia sigue apoyando la relación constante entre ambas iglesias, y con tanta frecuencia como les resulta posible, participan en los viajes organizados por su congregación a la comunidad mexicana, donde vuelven a encontrarse con Karina y su familia. En realidad, Cal y Hayley dirigen ahora el servicio de las cajas navideñas con la ayuda de sus hijos. Entre viajes intercambian cartas, fotografías y dibujos con Karina. Han descubierto que su relación con la niña y su familia, así como con el equipo formado por la pareja pastoral local y sus familiares, han moldeado las perspectivas de sus hijos en cuanto a la pobreza, el materialismo y las relaciones interculturales. En realidad, señalan su participación en México como la experiencia más relevante en el viaje espiritual de la familia. En la pared de su comedor hay una fotografía de sus hijos jugando con Karina como recuerdo tangible del modo en que sus decisiones cotidianas como familia impactan las vidas y la fe de la gente alrededor del mundo, y específicamente las de sus amigos de México.

Convierta la justicia en parte de su vida cotidiana

Muchos (quizás la mayoría) de los adolescentes mostrarán bastante más entusiasmo por rescatar a una niña de Haití o visitar Honduras que por apagar la luz para ahorrar electricidad o ser más amable con el sujeto sin hogar por delante del cual pasan cada día en su trayecto a la escuela (siendo ambas también cuestiones de justicia). Por lo tanto, ¿qué puede hacer con sus hijos para ayudarlos a vivir la justicia en sus decisiones cotidianas?

Una familia de nuestra iglesia ha decidido servir convirtiendo su hogar en un lugar seguro para otros niños. Sus dos hijas adolescentes saben que pueden llevar a sus amigos a casa, ya sea para divertirse (los padres se aseguran de tener muchos refrigerios a mano) o para conversar con los que lo necesitan. En el caso de estos últimos, los padres, Jackson y LaRosa, reorganizan su programa laboral para poder sentarse en el sofá de su salón y prestar un oído atento. La madre comenta que sus hijas parecen cómodas hablando con ellos sobre sus luchas cuando ven que sus amigos vienen a casa y hacen lo mismo.

Mientras las chicas asistían a la escuela intermedia, Jackson observó que Sam, uno de los chicos que venía con regularidad, empezó a ir de fiestas y salir con pandilleros. Como es oficial de policía, decidió tomar a Sam bajo su protección y llevarlo a dar una vuelta por los sitios frecuentes de las distintas pandillas locales y la cárcel cercana. Durante la visita, Jackson le advirtió: «A esto es adonde se va dirigiendo tu vida. ¿Es eso lo que deseas?». Sam se dio cuenta de que no era lo que quería y escogió el sendero estrecho de la vida en lugar del camino ancho hacia la destrucción. Seis años después, Jackson sigue siendo el mentor del muchacho mientras busca trabajo como bombero.

Sé de otra pareja que también se sintió llamada a producir un cambio en la escuela secundaria pública local. Ellos han movilizado a su familia para cambiar el ambiente de dicho centro escolar. Justo antes de que su hija mayor comenzara el noveno grado, Tim y Kathy supieron que las notas de los exámenes eran tan bajas que el estado de California estaba a punto de intervenir.

Desesperado por encontrar ayuda y aportaciones, el nuevo director mantuvo una serie de reuniones de verano en el ayuntamiento. Una de las principales necesidades que surgió de aquellos encuentros fue el entorno físico de la escuela. La monotonía de la parte exterior del colegio enviaba un triste mensaje a los muchachos: no nos interesa demasiado esta escuela y a ustedes tampoco debe preocuparles. Todo el recinto necesitaba ser remozado.

Tim y Kathy se ofrecieron como voluntarios para acondicionar la escuela durante el verano y que al llegar los estudiantes en el otoño, incluida su propia hija, supieran que el centro escolar iba ahora camino del éxito. Gracias a las horas de trabajo que donaron dos mil personas, así como a la pintura y las plantas por valor de setenta y cinco mil dólares, pudieron lograr su objetivo y los alumnos —incluida su hija— supieron que aquel mes de septiembre algo había cambiado.

Desde entonces, esta pareja ha servido en el consejo escolar, escribiendo correos electrónicos con avisos a los padres tanto en inglés como en español, y ha trabajado para asegurar los fondos a fin de tener un coordinador de relaciones a tiempo parcial en la escuela. No obstante, lo más importante es que han construido relaciones —por lo general interculturales— con otros chicos y familias.

Al enterarse de que uno de los amigos de sus hijos, que vivía con su madre y su hermano, iba a ser desahuciado, les preguntaron si les parecía bien que esa luchadora familia de tres miembros se mudaran a vivir con ellos. Los chicos estuvieron de acuerdo y los tres se instalaron en su salón. Tim y Kathy desconocían que la madre tenía un cáncer terminal y solo le quedaban unos pocos meses de vida.

Durante los cinco meses siguientes, el cuerpo de aquella mujer fue invadido por la enfermedad hasta el punto de que, según Kathy recuerda, «solo podía permanecer acostada en nuestro sofá, gimiendo todo el día. Nuestros hijos lo vieron; observaron cómo cuidábamos a aquella moribunda que yacía en nuestro diván». Estos hechos se grabaron en la memoria de los chicos y les mostraron el poder de servir a alguien en su tiempo de máxima necesidad.

La dedicación parcial altruista de esta familia a la escuela tuvo un costo. Siendo trabajadores por cuenta propia, Tim y Kathy emplearon unas horas que podían haber canalizado hacia su propio negocio. Aunque sus hijos los han apoyado la mayor parte del tiempo, en algunos momentos se han quejado de que sus padres estuvieran tan ocupados. Tim y Kathy se han preguntado, con razón, si una escuela con más recursos no solo sería más fácil, sino mejor para sus hijos. Esto ha sido quizás lo más difícil de todo.

Sin embargo, entonces piensan en su hijo Lucas, ahora estudiante universitario, que se está especializando en la educación elemental y los estudios afroamericanos porque quiere ser maestro en una escuela de los barrios pobres. Como ocurre con todos sus hijos, la fe de Lucas se moldeó debido al compromiso asumido por la familia de vivir la justicia a diario. Kathy resume: «Hubo mucho dolor, pero también gran cantidad de gozo».

Dirija a sus hijos para que sean solidarios

Es posible que esté leyendo este capítulo y pensando para sus adentros: «Todas estas ideas funcionan cuando a los chicos les preocupa el mundo a su alrededor. Mis hijos parecen absortos en sí mismos. ¿Qué hago con ellos cuando no parece importarles?».

Lo fundamental que debemos recordar es que, sin importar lo profunda y activa que sea ahora la solidaridad de nuestros hijos, es su fe la que *finalmente* los llevará hacia la justicia como un valor central y explícito. Los adolescentes suelen estar por naturaleza un tanto absortos en sí mismos. Nuestro papel consiste, por lo tanto, en contribuir a que nuestros hijos se muevan por un camino directo y constante hacia la solidaridad con los demás.

Lo mejor que podemos hacer para ayudar a nuestros chicos en esto es servirles de ejemplo con nuestra propia solidaridad hacia los demás; no solo con los pobres, sino también con los que son distintos, los que sufren y los débiles. Nuestra forma de hablar acerca de los demás, aun de aquellos que no «merezcan» necesariamente nuestra preocupación, les dice mucho a nuestros hijos en cuanto a nuestra manera de entender el mensaje de Jesús sobre amar al prójimo.

Chap y yo (junto con nuestros cónyuges) intentamos hacer dos cosas con nuestros hijos: primero, oramos y servimos a los demás juntos como familia, tanto y tan a menudo como podemos. Segundo, aprovechamos cualquier oportunidad para sacarlos al exterior, a las primeras filas de la misericordia, la justicia y el servicio. Creemos firmemente que mientras más cerca estén de los pobres, los quebrantados o los débiles, más reconocerán cuánto nos puede enseñar «el menor de ellos» a nosotros que nos creemos ricos, completos y fuertes. Con el tiempo, la comunidad construye la compasión.

Sea creativo en su búsqueda de la justicia

Recientemente presenté los descubrimientos de nuestra investigación sobre la justicia en una reunión de padres en un campamento de familias. Cuando les pedí que compartieran sus propias formas creativas de comprometer a sus hijos con la justicia, un progenitor comentó que lleva un sobre en su cartera con algún dinero en efectivo. Su esposa hace lo mismo. Sus hijos lo saben, y han decidido como familia que ese dinero se destine a personas en necesidad. Su tarea consiste en estar pendientes de la gente a la que le podría ser útil un poco de ayuda. Cuando hallan a alguien y están de acuerdo en darle ese efectivo, la familia vuelve a reponer los sobres y permanece atenta.

Otra familia quería inculcarles a sus hijos la visión de dar de forma generosa y sacrificada. En lugar de embolsarse los beneficios de su venta de cosas usadas del sábado, le entregaron hasta el último centavo a una organización de misiones internacionales. Cuando otros se enteraron, donaron algunas de su pertenencia para que también las vendieran. Toda la familia trabajó mucho durante todo el día, sabiendo que los niños de África serían los máximos beneficiarios de su ardua labor.

Esto no tiene precio. Me encanta la creatividad de las familias cuando se trata de la justicia. De esta manera establecen un compromiso inquebrantable con ella.

Reflexiones y preguntas para el debate

1. ¿Cómo cree que sus hijos responderían al preguntarles lo que significa ser parte de su familia? ¿Qué le gustaría que contestaran?
2. ¿Cómo definirían la diferencia entre *servicio* y *justicia*?
3. ¿En qué ocasión la experiencia del servicio no ha producido el «mayor beneficio con la menor inversión» que usted esperaba?
4. Piense en la próxima vez que sus hijos servirán a otros. ¿Qué podría hacer antes de ese acontecimiento a fin de ayudarlos a prepararse para aquello a lo que se van a enfrentar? ¿Qué podría hacer después?
5. Considere algunas cosas que a sus hijos les encantan o se les dan bien. ¿Cómo puede ayudarlos a conectar sus campos de interés con sus habilidades y su creatividad a fin de buscar la justicia en algún área?

7

Un puente firme para salir de casa

Ojalá hubiera sido más una transición. Cuando acabé la escuela secundaria, pareció que todo se había acabado demasiado rápido.
—Joe

No pensé que necesitara realmente ir a la iglesia para ser un cristiano fuerte; sin embargo, después de haber estado completamente apartado de ella mientras estudié en el extranjero, volví un domingo y vi cómo todos se preocupaban los unos por los otros de una forma que yo no había experimentado fuera del cuerpo de la iglesia.
—Anna-María

No hay mejor lugar que la playa en un cálido día de verano. Eso pensaba Mary Ann, una amiga de nuestra familia (de Kara) de sesenta y cinco años que decidió aprovechar un maravilloso jueves de julio para ir a la playa con su padre, que estaba muy próximo a los noventa.

Mary Ann disfrutaba de las olas, con el agua llegándole hasta los hombros, cuando observó que su padre le hacía grandes señas desde la arena. Gesticulaba frenéticamente y le indicaba que volviera a la orilla.

Temiendo que le sucediera algo grave a su papá, se apuró todo lo que pudo hasta llegar a aguas menos profundas y alcanzar la orilla. Corrió a la toalla donde su padre estaba sentado y sin aliento preguntó: «Papá, ¿estás bien? ¿Qué te ocurre?».

«Ah, nada», respondió él. «Solo me pareció que estabas un poco lejos».

Cuando usted es padre, lo es para siempre.

Aun después de que nuestros hijos se gradúen, siguen siendo nuestros niños. Sin embargo, un día ellos también se convierten en adultos.

Esta transición de la niñez a la adultez resulta relevante, en parte por ser un lapso de tiempo tan intermedio[1]. Al graduarse, sus hijos salen de un mundo, pero no entran del todo en otro. Por lo tanto, por definición (de los antropólogos en todo caso) se hallan en un período transicional. Se encuentran en un umbral, alejados de su antigua identidad, pero solo han empezado a abrir la puerta que conduce a su nueva etapa de vida y su nuevo ser. Su hijo o hija sabe hasta cierto punto que esto está ocurriendo, pero con frecuencia tiene muy poca orientación de cómo vivir en el mundo intermedio, o cómo atravesar la puerta de acceso a la adultez que emerge tras la escuela secundaria.

¿Cómo ayudar, pues, a su hijo a fin de que construya un puente firme para salir de casa? ¿Cómo podemos prepararlos —sobre todo cuando se acercan a la graduación de la escuela secundaria— para todo aquello que enfrentarán cuando desaparezca la «ceremonia solemne»? Al atravesar la transición que se inicia después de la escuela secundaria, ¿qué tipo de evolución debemos aplicar a nuestras relaciones con ellos para que toda nuestra familia emerja con una fe más sólida?[2]

DESCUBRIMIENTOS NOTABLES

La mayoría de los chicos no se sienten preparados para la universidad

Lamentablemente, solo uno de siete alumnos del último año que se gradúa se siente «muy preparado» para lo que la universidad pone en su camino. Según comentan los estudiantes mismos, un gran número de ellos no se siente preparado para tener éxito en la transición a la universidad. Esto resulta especialmente trágico, dado que nuestra investigación muestra la gran importancia de lo contrario. Mientras más preparados se sienten los estudiantes —ya sea para encontrar una iglesia, comprometerse en un ministerio, hacer amistades o manejar nuevas elecciones sobre el alcohol, el sexo y las fiestas— más probabilidades existen de que su fe crezca.

Las dos primeras semanas de universidad establecen la trayectoria

Una y otra vez los estudiantes nos han comentado que las dos primeras semanas de universidad constituyen el momento de tomar las decisiones fundamentales con relación a la bebida y otras conductas de alto riesgo, así como de escoger si van a asistir a la iglesia o a un ministerio en el campus. Muchas de estas decisiones se ven influenciadas por las nuevas amistades de las que se rodea el alumno de primer año y las situaciones en las que se involucran ellos mismos. La mayoría de los muchachos no están preparados para la intensidad de esos primeros días y semanas, y no cuentan con una estrategia en cuanto a la forma de tomar las decisiones durante ese tiempo tan crítico.

> *No dejes de ir a la iglesia esa primera semana, porque esto no hace más que facilitar el que tampoco asistas la segunda semana ni la octava.*
> —Young Mi

Encontrar una iglesia y conectarse con ella es difícil

Comprometerse con una iglesia o grupo en el campus durante el primer año escolar marca una gran diferencia, pero la mayoría de los estudiantes no sabe cómo encontrar una congregación en la universidad. Aunque casi todos los padres esperan que sus hijos se impliquen en una iglesia durante sus estudios universitarios, menos del cuarenta por ciento se siente preparado para hacerlo. No es de sorprender que hallar una iglesia fuera una de las tres partes más difíciles de la transición.

> *No permita que su hijo o hija se marche sin unas cuantas indicaciones de iglesias potenciales o ministerios en el campus que pueda comprobar. Para ayudarlos a conectarse con otro estudiante cristiano de primer año recién llegado y ponerse al día acerca de los ministerios en el campus, diríjalos a la página liveabove. com, auspiciada por The Youth Transition Network.*

Para los chicos que vivan lejos de casa, conectarse a una iglesia fuera del campus o una congregación cristiana dentro del mismo es algo vinculado a la fe sólida durante su primer año universitario. A pesar de ello, en ese primer otoño solo el cuarenta por ciento de los alumnos del grupo juvenil asistía una vez por semana o más a la congregación del campus, y el cincuenta y siete iba a la iglesia con la misma frecuencia.

La administración de la vida diaria es el desafío principal

La administración de la vida diaria abruma a la mayoría de los estudiantes universitarios y no les deja tiempo ni energía para pensar en la fe. En su estudio de los estudiantes universitarios de primer año, el sociólogo Tim Clydesdale descubrió que se consumían en el juego que él llama «la administración de la vida diaria». Frente a la repentina inestabilidad de su nuevo entorno, los programas y los límites prácticamente infinitos, funcionar día a día se convierte en una práctica de pura supervivencia. Clydesdale describe el nuevo malabarismo de los estudiantes universitarios de este modo: «Gestionan sus relaciones personales: con sus parejas sentimentales, amigos y figuras de autoridad; administran sus gratificaciones personales: incluido el uso de sustancias y la actividad sexual; y se ocupan de su vida económica: con sus necesidades crecientes y sus expectativas de tener un estilo de vida mejor»[3].

Nuestra investigación parece confirmarlo. Durante su primero año universitario, casi la mitad de los alumnos que analizamos se sentían ansiosos por tener que tomar tantas decisiones de una manera tan repentina. Asimismo, descubrimos que su mayor lucha consiste en integrar su fe con su manejo del tiempo y el dinero.

Con todo, ambas cosas tienden a representar grandes contratiempos en la universidad. Dado que la deuda promedio de la tarjeta de crédito de un estudiante universitario supera los tres mil dólares y la mitad de los pregraduados poseen cuatro o más de estas[4], nuestros hijos necesitan ayuda en estas áreas para pensar con mayor seriedad en la realidad. Como nos comentó un universitario: «En la escuela secundaria, *todo* estaba programado. En la universidad, acababa las clases a medio día y tenía todo el resto del tiempo para hacer lo que quería. Allí nadie te pregunta si has asistido a clase o si has hecho tus deberes. Tuve que aprender a administrar bien mi propio tiempo».

> *Si establezco una comparación con la escuela secundaria, ahora sé más que antes sobre mí mismo y menos acerca de lo que creía saber. Espero que, en algún momento de mi vida, esto se resuelva [...] en este preciso instante, todo está en espera por no disponer del tiempo o las herramientas. Es difícil apartar un momento para pensar sobre la religión o Dios, y en la universidad uno prefiere vivir de día en día y perder el enfoque sobre todo lo que forma parte de la perspectiva panorámica.*
> —Conner

CONSEJOS DE LOS ESTUDIANTES UNIVERSITARIOS A LOS ALUMNOS DEL ÚLTIMO AÑO DE LA ESCUELA SECUNDARIA

Cuando les pedimos a los estudiantes universitarios que compartieran con un grupo de alumnos del último año de la escuela secundaria acerca de la vida en la universidad, sus respuestas se agruparon en las siguientes categorías, que enumeramos por orden de importancia:

1. Encuentra una comunidad espiritual en la universidad y conéctate a ella.
2. Comprométete con tu fe, incluyendo las preguntas y dudas que surjan.
3. Prepárate para los desafíos.
4. Practica las disciplinas espirituales personales.

El contacto con los padres ayuda a los chicos

Los padres que piensan que deben guardarse sus opiniones cuando sus hijos van a la universidad están en realidad perjudicándolos. En nuestro estudio, el contacto con los progenitores —ya sea por teléfono, correo electrónico o mensajes de texto— se relaciona con la adaptación práctica y emocional a la universidad. Esto se confirmó independientemente de quién estableciera contacto.

LA FE SÓLIDA LLEVADA A LA PRÁCTICA

Usted no puede controlar muchas de las decisiones de su hijo que se gradúa, pero sí tiene control sobre la forma en que se relaciona con él. ¿Cómo buscar el equilibrio entre reconocer que su hijo o hija está haciendo la transición a un nuevo capítulo de autonomía creciente y seguir siendo un padre implicado? No resulta fácil, desde luego, pero si sigue unos cuantos pasos sencillos, resultará menos complicado y más divertido, tanto para usted como para su hijo.

Confíe en Dios con respecto a su hijo

Esto es tan importante que lo vamos a repetir: confíe en Dios con respecto a su hijo.

En el capítulo 2 reformulamos el evangelio que permanece como una confianza incondicional en el Dios que es totalmente fiable. Cuando su propio hijo se dirige hacia una nueva etapa en la vida, es el mejor tiempo para que viva el poder de ese evangelio.

En mi experiencia (la de Chap) y la de mi esposa, confiar en Dios en lo que respecta a nuestros hijos parece distinto en las diferentes etapas de su desarrollo. Nos resultó más fácil cuando eran más pequeños. En aquel momento era necesario que fuéramos más directos y los controláramos más con el fin de ser buenos pastores y mayordomos de sus vidas y elecciones.

Cuando nuestra hija estaba en sexto grado, por ejemplo, nos preocupaba una amistad particular que estaba desarrollando. Quería viajar durante el fin de semana con la familia de esta amiga. Pasamos un tiempo difícil a causa de esa invitación, porque nos inquietaba lo que pudiera suceder si los acompañaba. El dilema al que nos enfrentamos fue si debíamos confiar en Dios con respecto a nuestra hija y dejarla ir, a pesar de lo preocupados que nos sintiéramos por lo que pudiera ocurrir, o protegerla (con amor) diciéndole que no podría ir ese fin de semana con esta familia. Decidimos permitir que fuera, pero nos esforzamos mucho por permanecer cerca de estas personas, hablamos con nuestra hija y no perdimos de vista toda la relación.

Cuando nuestros hijos se hicieron mayores, no tuvimos más elección que confiar en que Dios cuidaría de ellos, sencillamente porque teníamos menos capacidad de controlar sus amistades, conductas y elecciones de vida que cuando eran más pequeños. Siempre creímos que Dios ama a nuestros hijos incluso más que nosotros, así que cuando asistieron a la escuela secundaria y todo lo que vino después, nos vimos obligados a vivir de acuerdo con esto.

Independientemente de la edad de su hijo o hija, a usted le corresponde asegurarse de que tengan una protección razonable *así como* de darles el espacio para que transiten hasta la adultez. Confiar en Dios en lo que respecta a su hijo significa que, aunque siga siendo su representante escogido para él, podrá descansar sabiendo que el poder y la misericordia del Señor lo protegerán durante el largo trecho.

Haga que su hijo sea consciente de su amor incondicional

Es posible que usted piense que a lo largo de estos años les ha venido diciendo cuánto los ama, ¿pero han captado su mensaje? ¿Saben que su amor es *incondicional* (o al menos lo más aproximado a lo incondicional dentro de lo humanamente posible)?

¿Por qué es tan importante mostrar un amor así cuando su hijo se va a graduar? Por mucho que necesite adaptarse a tener un hijo graduado de la escuela secundaria, este proceso para ellos es aún mayor. Cuando llegan a ese momento de su vida, están entrando a un sinfín de nuevas posibilidades en cuanto a la escuela, el trabajo, los amigos, las personas con quien salir, la iglesia y el lugar donde vivir. Cada una de estas áreas representa una nueva oportunidad de fracasar.

Algunos de sus hijos reconocerán este potencial de fracaso antes de tiempo y le expresarán sus temores y su desazón. Cuando lo hagan, tranquilícelos con respecto a sus aptitudes, el poder del trabajo duro, y el amor incondicional de Dios y el suyo propio.

Cuando sus hijos salen y fracasan, ¿saben que seguirá apoyándolos y amándolos de forma incondicional? Un joven trabajador juvenil amigo mío (de Kara), Danny, se enfrentó a esta pregunta cuando, a las dos de la madrugada recibió una llamada telefónica de uno de sus estudiantes del último curso de la escuela secundaria. Del mismo modo que cuando usted es padre una llamada de sus chicos a esas horas no presagia nada bueno, cuando se es un líder juvenil ocurre lo mismo.

Esta no fue una excepción. Al otro lado de la línea se encontraba uno de los estudiantes de Danny, quien le confesó: «Acabo de acostarme con mi novia». Ella también formaba parte del ministerio para jóvenes.

El corazón de Danny empezó a latir con fuerza cuando se ofreció a encontrarse con el muchacho para desayunar aquella mañana.

A continuación, Danny hizo lo mismo que usted habría hecho: orar mucho y dormir poco. Cuando se presentó al desayuno, el muchacho ya estaba sentado a la mesa del restaurante. Danny empezó expresándole lo mucho que lo amaban él y Dios, quien en su bondad nos conduce al arrepentimiento (véase Romanos 2:4).

El estudiante detuvo a Danny antes de que añadiera nada más: «En realidad no me he acostado con mi novia. Solo quería ver cómo reaccionaría si lo hubiera hecho».

Está claro que ese chico necesita terapia.

Sin embargo, creo que la mayoría de nuestros hijos —y es posible que todos— se pregunten de forma más sutil si seremos capaces de lidiar con sus fallos. Cada vez que compartan sus luchas con nosotros, tenemos la oportunidad de unirnos a su necesidad de confesar su pecado con la libertad que se deriva de confiar en Dios.

> *Mis padres siempre me han alentado a considerar lo que creo y a preguntarme por qué lo hago, ya que saben que de esa forma mi fe y mi convicción se reforzarán. Siempre se han mostrado asequibles y aceptado lo que creo. Me han desafiado a descubrir por qué pienso de ese modo y de esa manera han fomentado una fe sólida, basada en el conocimiento y el estudio, en lugar de una creencia débil fundada en lo que hacen los demás.*
> *—Desiree*

Y tanto mejor si esa confesión y esa libertad van envueltas en el manto de nuestra propia afirmación verbal del amor de Dios que nunca deja de ser.

Y cuando sus hijos estudiantes tienen éxito en estas nuevas áreas —algo que ocurrirá de vez en cuando— ¿cómo lo celebra con ellos? ¿Se limita a aplaudir sus resultados o los felicita por el arduo trabajo y les recuerda: «Aunque hubieras fracasado te amaría igual»?

No haga por sus hijos aquello que pueden llevar a cabo por sí mismos

Probablemente habrá oído hablar de «los padres helicópteros», que revolotean sin cesar alrededor de sus hijos, aunque acaben de entrar a la universidad, sofocando no solo a los chicos, sino también a los que observan. O quizás le suene lo de «los padres velcro», los progenitores pegados a sus hijos. Tanto unos como otros se han puesto en evidencia llamando al profesor de su hija universitaria cuando ha recibido una mala nota o enviando correos electrónicos a potenciales patrones para cantar las alabanzas de su hijo.

Ya sea que hayan obrado motivados por su propio sentimiento de culpa o por temor al fracaso de su hijo (por tanto, indirectamente al suyo), los padres de este tipo han olvidado una lección que muchos de nosotros hemos intentado seguir cuando nuestros hijos eran demasiado pequeños: no haga por un niño lo que puede hacer por sí mismo. Cuando su hija tenía cinco años, la dejaba que atara los cordones de sus zapatos, aunque le llevara tanto tiempo que a usted le costara trabajo contemplarla. Cuando su hijo contaba con doce años de edad, lo alentaba a que acabara su propio proyecto de ciencia, aun sabiendo que usted podía inmiscuirse y hacer un cartel de presentación más logrado con respecto a la evaporación del agua.

Ahora que han alcanzado los dieciocho años, es necesario que dé un paso atrás y los deje intentar sus propias aventuras y cometer sus errores. Por supuesto que los puede ayudar a conseguir una especie de mapa (esto lo veremos más adelante en este mismo capítulo). Sin embargo, les corresponde a ellos seguirlo y llegar a su destino. Su tarea es apoyarlos y derramar un amor incondicional sobre ellos; la tarea de sus hijos consiste en sentarse en el asiento del conductor de sus propias vidas.

Déle a su hijo una nueva libertad

Muchos padres cuyos hijos permanecen en casa después de graduarse cometen el error de pensar que, como siguen viviendo en el hogar, tienen que seguir las mismas reglas. Aunque resulta ampliamente reconocido que la adolescencia se está alargando y la graduación de la escuela secundaria ya no determina una transición definitiva a la adultez, esta sigue señalando la entrada a una nueva fase llamada «adultez emergente».

> Para información adicional sobre el alargamiento de la adolescencia y la adolescencia tardía, véase la página (en inglés) www.stickyfaith.org.

La adultez emergente, como sus predecesores de la adolescencia temprana y tardía, va marcada por una necesidad de límites, pero estos pueden —y deben— ser ampliados. Tal cosa significa que es el momento de retrasar el toque de queda y hacer menos preguntas sobre cuándo van a encontrar tiempo a fin de estudiar para los exámenes de fin de curso. Esperamos que, durante la infancia y la adolescencia, les haya proporcionado a sus hijos una voz creciente, adecuada a su desarrollo, y hasta un poder de negociación, de modo que puedan aprender a pensar y actuar por sí mismos. La adultez emergente es una etapa en la que le concede más libertad a su hijo o hija para que pueda desplegar sus alas por completo.

Prepare a su hijo para la universidad

Esta sección pretende ser intensamente práctica, un catálogo de ideas para que lo use de continuo, mientras ayuda en oración a que su hijo o hija haga la transición de la escuela secundaria a la universidad.

Visite una variedad de iglesias

> *Mientras más esperas, más te cuesta integrarte a una iglesia o un ministerio en el campus.*
> —Glyn

A algunos de nosotros esto nos podría parecer contraintuitivo, pero dado el desafío que supone para los universitarios encontrar una iglesia, lo alentamos a que saque a su hijo o hija de su propia congregación. Ahora bien, usted no está descartando la iglesia porque sí, sino que está aprovechando ese tiempo para quizás durante el verano posterior a la graduación visitar un puñado de otras iglesias cada domingo. Al visitar juntos distintas congregaciones y adorar con ellas para después intercambiar opiniones, su hijo comenzará a pensar en aquello que para él es importante a la hora de buscar una iglesia lejos de casa. Asimismo, suscite grandes preguntas sobre por qué las iglesias y denominaciones son distintas, y lo que significan esas diferencias. Si empiezan a hacerlo antes de las vacaciones de verano de la universidad, también podrían visitar algunos de los ministerios en los campus universitarios.

> Cuando se les preguntó a los estudiantes universitarios qué criterios eran los más importantes para ellos a la hora de escoger una iglesia, estos fueron los cinco primeros que indicaron en orden de importancia:
> 1. La enseñanza
> 2. La misión o visión
> 3. Los líderes
> 4. La adoración
> 5. El alcance a las personas en necesidad.

El propósito de visitar distintas congregaciones o grupos universitarios no consiste en ensalzar el «ir de iglesias» como quien va de compras, sino en contribuir con oración y de una forma concienzuda a que su hijo capte lo que significa visitar nuevas iglesias. A continuación le proporcionamos varias preguntas que pueden ayudar a que su hijo analice su experiencia en las distintas congregaciones:

1. ¿Cuál es la misión o visión de este grupo?
2. ¿Cuál es la herencia teológica de este grupo?
3. ¿Dónde se reúne este grupo? ¿Cómo puedo ir hasta allá?
4. ¿Conozco a alguna gente a la que le gustaría venir conmigo a este grupo? ¿Qué importancia tiene esto para mí?
5. ¿Cuándo se reúne este grupo? ¿Cómo encaja esto en mi programa?
6. ¿Cuánta gente está implicada? ¿Cuántos de ellos son de mi género, del mismo curso y/o etnia? ¿Qué importancia tienen estas similitudes o diferencias para mí?
7. ¿Quién dirige este grupo? ¿Cómo me conecto con los líderes?
8. ¿Cómo es la enseñanza? ¿Y la adoración?
9. ¿Existen grupos pequeños o estudios bíblicos?
10. ¿Qué hace este grupo para alcanzar a la gente que no conoce aún a Jesús?
11. ¿Qué hace este grupo para ayudar a los pobres y los marginados?
12. ¿Cómo puedo usas mis dones y talentos en este grupo?

Piense en la vida espiritual cuando visite las universidades

Cuando visite las universidades, ayude a su hijo o hija a pensar en cómo podría ser la fe en ese centro de estudio. ¿Qué puede descubrir sobre su vida espiritual mientras está allí? ¿Qué ministerios existen en el campus? ¿Puede reunirse con los líderes como parte de su visita? Si hay cultos en la capilla, intente asistir a uno. Mientras esté allí, aproveche también para visitar una o dos iglesias cerca de cada campus.

Hable de la vida después de la escuela secundaria

Ya se trate de un tiempo concertado para charlar o una conversación que surge mientras toman juntos un rápido desayuno, esperamos que tenga muchas oportunidades de hablar con su hijo sobre la vida después de la escuela secundaria. La lista de temas que damos a continuación es la culminación de nuestra investigación, el criterio de grupos de expertos, y los comentarios de líderes juveniles y padres por todo el país (no figuran en un orden específico). Empiece a pensar ahora sobre lo que su hijo o hija necesita debatir, y escoja tres o cuatro asuntos de esta lista para romper el hielo.

Encontrar una nueva iglesia y un ministerio en el campus.
Encontrar nuevos amigos, sobre todo nuevas relaciones con cristianos.
Reanudar antiguas amistades, las cuales suelen cambiar con rapidez después de la escuela secundaria.
Recuperarse tras el tropezón, la caída o haberse alejado de Cristo.
Administrar el tiempo.
Administrar el dinero.
Manejar las dudas y las preguntas que surgen sobre la fe.
Afrontar la opinión cambiante sobre Dios, uno mismo y los demás.
Permanecer en contacto con los adultos de su iglesia local.
Encontrar nuevos mentores.
Ocuparse de las relaciones cambiantes con los padres y demás miembros de la familia.
Practicar la fe en la universidad (disciplinas espirituales y otras prácticas).
Explorar y construir su identidad espiritual en lugar de guardar su fe bajo llave (véase el capítulo 3).
Mantener conversaciones con estudiantes de otras religiones y cosmovisiones.
Discernir la vocación y el llamado.
Procurar una vida misional en el campus universitario y la vida adulta.
Desarrollar un pensamiento crítico y la capacidad de tomar decisiones.
Entender el evangelio que permanece (capítulo 2) y vivir bajo la gracia de Dios.
Prepararse para las relaciones ocasionales en la universidad.

Prepararse para la posibilidad de encontrar a su cónyuge durante o después de la universidad.

Prepararse para las pérdidas

Uno de los rasgos distintivos de la experiencia del joven universitario de primer año es la pérdida. Este sentimiento suele sorprender con frecuencia a los estudiantes. Hable con su hijo de los tipos siguientes de pérdidas y ayúdelo a estar preparado para afrontarlas:

Pérdida material. «Sí, puedes afligirte si pierdes tu celular».

Pérdida relacional. «Sí, puedes sufrir si rompes con tu novio».

Pérdida de un sueño. «Sí, puedes entristecerte por no conseguir entrar en la universidad que deseabas».

Pérdida funcional. «Sí, puedes lamentar haberte roto el brazo».

Pérdida del rol. «Sí, puede apenarte el dejar de ser un estudiante de la escuela secundaria».

Pérdida sistemática. «Sí, puedes sufrir al dejar tu hogar y toda tu red de relaciones que te apoyan para marcharte a estudiar»[5].

> Para más recursos sobre las pérdidas, visite la página (en inglés) www.stickyfaith.org.

Hable sobre el tiempo y el dinero

Basándonos en lo que hemos oído de los universitarios, queremos llamar su atención sobre dos cuestiones de la lista anterior: la administración del tiempo y el dinero. En la universidad, los alumnos se enfrentan a nuevas tentaciones en las que pueden perder tiempo y dinero, de modo que tiene que hacer un esfuerzo especial para ayudar a su hijo a elaborar un plan para utilizar ambas cosas con sensatez. Confeccione un presupuesto de gastos con ellos.

Desarrolle un programa viable que incluya clases, deberes, trabajo, iglesia y tiempo suficiente con los amigos. Si no lo ha hecho aún, ahora es un buen momento para que comparta su calendario y el presupuesto familiar a fin de que vean cómo usted intenta administrar su propio tiempo y dinero de una forma prudente.

Cree un plan bisemanal

Dado que nuestra investigación muestra que las dos primeras semanas establecen la trayectoria para el resto del período universitario, cree un «primer plan bisemanal» con su hijo. ¿Cuándo irá a la iglesia? ¿Cuándo estudiará? ¿Cuándo se conectará con la familia? ¿Cuándo tendrá tiempo para estar con sus amigos? ¿Qué harán esos primeros jueves, viernes y sábados por la tarde? Siempre podrán desviarse de este plan, pero al menos dispondrán de una guía hacia la fe sólida al empezar su viaje.

Celebren unas cuantas «últimas cosas» juntos

Durante la graduación, y después de ella, su hijo disfrutará de un sinfín de «últimas cosas» con sus amigos: el último día de salir juntos por el centro comercial, la última película que verán juntos, y su última hamburguesa a altas horas de la noche en su lugar favorito. Ellos estarán tan ocupados con sus amigos que quizás no tengan la energía relacional para apreciar esas «últimas ocasiones» también con su familia.

Sin pecar de sensiblería ni ser demasiado específico (por ejemplo: Este es el último miércoles por la mañana que comerás galletas con chispas de chocolate), durante las últimas semanas que su hijo esté en casa, celebre con él unas «cuantas últimas cosas». Déle algún dinero a su hijo para que invite a sus hermanos a tomar un helado. Anime a su hija para que visite a su tía favorita en su camino a casa desde el trabajo. Organice una última cena familiar en su restaurante favorito. Esos pequeños rituales pueden ayudar a aportar un sentido de cierre de una etapa para su hijo y la familia. Quizás quiera hablar con su hijo o hija unas cuantas semanas antes a fin de saber cómo les gustaría pasar esos últimos días y coordinar planes que le permitan tener el tiempo adecuado para despedirse de sus amigos (algo que para ellos resulta mucho más importante en ese momento).

Procese sus emociones del «nido vacío»

El «nido vacío» (o al menos el nido que se va vaciando, si tiene otros hijos en casa) le da la oportunidad de celebrar muchas cosas con su cónyuge, pues tiene más libertad y menos responsabilidades. Sin embargo, muchos padres también experimentan dolor y se preguntan si hicieron todo lo que pudieron para preparar a su preuniversitario.

Esperamos que este libro lo ayude a aliviar muchas de esas dudas, aunque necesitará pasar algún tiempo con su pareja y otros amigos cercanos a fin de compartir sus pensamientos y sentimientos. Es posible que tenga que considerar también encontrar un nuevo canal hacia el cual encauzar el tiempo y la energía que ha derramado en la educación de su hijo o hija mientras asistía a la escuela secundaria. Quizás exista la oportunidad de un nuevo ministerio, u otro chico de su iglesia o vecindario que no haya acabado aún esa etapa de sus estudios y pudiera pasar algún tiempo con usted.

Prepare la transición mediante las actividades del grupo o la iglesia

Las siguientes ideas pueden ayudar a que su hijo o hija se dé cuenta de que no está solo al dar el paso de la escuela secundaria a la universidad. Ya sea con su iglesia o algunos de los amigos más cercanos de su hijo, una o dos de estas actividades de grupo podrían constituir el adhesivo de la fe sólida de su muchacho. Aunque algunas de estas ideas supongan la implicación de un líder juvenil, otro padre o usted mismo podrían ocupar su lugar.

Plan periódico para las reuniones de los preuniversitarios

Esta es probablemente la idea más oída y con más variaciones sobre el tema. A continuación detallamos algunas sugerencias para hacer que tales reuniones tengan éxito:

Comience temprano. Algunas iglesias y grupos nos comentan que han pasado de llevar a cabo unas cuantas reuniones a finales de la primavera a tener toda una serie de ellas que dura todo el año y comienza en el otoño del último curso de los alumnos en la escuela secundaria.

Invite al pastor principal, o incluso cene con él en su casa o en la suya.

Culmine la serie con un viaje juntos de dos días o uno más significativo (desde una acampada hasta Dineyland).

Invite a grupos separados (solo chicos o chicas) para algunas de las reuniones o todas ellas, enfocándose en las mismas cuestiones, pero también explorando cosas especiales que los muchachos o las muchachas necesiten considerar al prepararse para la vida posterior a la escuela secundaria. Por ejemplo, ¿cómo manejarán las relaciones románticas y la presión sexual mientras intentan conectarse con el escenario de la universidad? ¿En qué parecen distintas las amistades del mismo género para los chicos y las chicas universitarios con respecto a la escuela secundaria? ¿Qué significa ser un hombre o una mujer de Dios, y cómo encajan —o no— los roles de género aprendidos o asumidos en el pasado en su entendimiento actual?

Invite al pastor universitario de su iglesia u otros pastores y líderes de los ministerios en el campus para que vengan y hablen con los preuniversitarios. Pídales a antiguos graduados del grupo juvenil que ya hayan acabado su primer curso universitario que vengan a compartir con ellos. Invite a universitarios de diferentes trasfondos: aquellos provenientes tanto de campus seculares como cristiano, los que se unen a las hermandades y los que no, los que ingresan a los ministerios del campus y los que no lo hacen, y así sucesivamente.

> A modo de continuación de nuestra investigación hemos desarrollado también un programa de fe sólida para preuniversitarios como parte de esta línea de recursos. Quizás desee una copia para el pastor juvenil de su iglesia y tal vez también para usted. Puede solicitarla en la página (en inglés) www. stickyfaith.org.

Creación de asociaciones de tutoría

Una iglesia que conocemos forma parejas de preuniversitarios y mentores adultos de la congregación con la esperanza de que continuarán esta relación de tutoría al menos durante el primer año después de la escuela secundaria. Otra idea es relacionar a los preuniversitarios con personas mayores de la congregación, ya sea como compañeros de conversación por un breve tiempo o como mentores a largo plazo. Asimismo, podría ayudar a su hijo o hija a relacionarse con un adulto en un campo vocacional al que el adolescente espera dedicarse.

> La denominación Pacto Evangélico ha creado una guía gratuita de tutoría para jóvenes adultos y sus mentores, llamada «The Real Life Field Guide» [La guía de campo para la vida real]. Puede descargar esta rica herramienta de debate gratuitamente en la página (en inglés) www.covchurch.org/ resources/real-life-field-guide/.

Transición al liderazgo de servicio

Si su hijo o hija aún no desempeña un rol en el liderazgo de servicio en su iglesia, antes o después de la graduación es un buen momento para que ayude en el ministerio con los alumnos de la escuela intermedia o elemental de la congregación. Esto suele funcionar mejor cuando su hijo forma parte de un equipo integrado por líderes adultos que lo apoyan durante su servicio.

Celebración del día de los preuniversitarios en un culto de adoración

Muchas iglesias ya cuentan con algún tipo de culto de reconocimiento denominado «Domingo preuniversitario». Algunas veces consiste en un desfile de estudiantes por la plataforma a los que se les entrega una Biblia. Otras veces implica mucho más. A continuación le damos algunas ideas para que su domingo preuniversitario sea más impactante.

Inviten a los preuniversitarios a que compartan con la congregación no solo hacia dónde se dirigen, sino también sus historias de fe y la forma en que han sido moldeados por la congregación y el ministerio juvenil hasta llegar a ese punto.

Permitan que se encarguen del culto, realizando y dirigiendo la adoración y compartiendo la enseñanza. Si no resulta inaceptable en su iglesia, autorícenlos a servirle los símbolos de la comunión a la congregación.

Incorporen actos rituales de bendición, como por ejemplo que la congregación pronuncie una liturgia de bendición y/o imponga sus manos en oración sobre los estudiantes.

Reconozcan públicamente a los preuniversitarios y oren por ellos al principio *y* al final de su año escolar. Esta bendición anual puede servir como encomienda para el período transicional que tienen por delante.

Impliquen a los padres invitándolos a subir a la plataforma a fin de orar por sus hijos o darles la oportunidad de compartir en público algunos consejos que les gustaría transmitir a los progenitores de los niños más jóvenes. Los mentores, líderes de grupos pequeños y otros adultos relevantes de la iglesia podrían unirse también en ese momento para rodear a los estudiantes con oración.

Organización de un «*barak* preuniversitario»

Barak es el término hebreo para «bendecir». Una iglesia cercana al Seminario Fuller en Pasadena cuenta con una tradición anual que consiste en organizar una noche de *barak* para que los amigos, las familias y los líderes juveniles bendigan a los preuniversitarios. Los padres de cada alumno reciben una hoja informativa aproximadamente un mes antes del acontecimiento que incluye instrucciones para escribirle una carta de bendición a su hijo. Los padres leen la carta en voz alta delante del grupo. A continuación, otros estudiantes, líderes y familiares tienen la oportunidad de pronunciar algunas palabras. Como reflexionaba un alumno: «Por lo general es difícil conseguir un estímulo de mi padre, así que escucharle leer una carta para mí fue algo muy fuerte».

> A fin de descargar una hoja de instrucciones para un *barak* preuniversitario o disponer de ideas adicionales de modo que pueda crear ritos de transición para los chicos, visite la página (en inglés) www.stickyfaith.org.

Conexión con otros padres

Considere auspiciar un pequeño grupo de padres de universitarios que se reúna una o más veces, un taller, o una noche de oración. Hemos escuchado de una iglesia que congrega a los padres a fin de hacer una lista de lo que creen que sus hijos necesitan saber antes de dejar el hogar. Mientras tanto, los estudiantes se agrupan en una habitación cercana para hacer su propia lista de lo que piensan que deben conocer. Luego, ambos grupos comparten sus listas y mantienen una rica conversación sobre las similitudes y las diferencias.

Cartas de la universidad

En nuestras encuestas y entrevistas les pedimos a los estudiantes universitarios que pensaran de forma retrospectiva, aprovechando la ventaja de los tres o cuatro años transcurridos desde que habían acabado la universidad, y consideraran qué le dirían ahora a un grupo de preuniversitarios que se preparaban para la transición. Parte de sus respuestas están diseminadas por todo este libro, pero hemos reunido unas cuantas citas, particularmente potentes, a fin de compartirlas ahora que cerramos este capítulo.

Les diría que se preparen, que planifiquen con antelación. Cuando te dispones a entrar en la universidad, no te limitas a decir: «Me voy. Quiero ir allí», y haces tu bolsa y te marchas. Más bien te informas sobre ello y te interesas por cómo va a ser el entorno en el que vas a estar, si necesitarás muebles en tu dormitorio y qué tipo de ropa tendrás que preparar de acuerdo con el clima. Si tienes que hacer tantos preparativos para mudarte, tu fe también necesita la misma preparación. Investiga lo positivo que el entorno de la universidad tiene para ti, lo negativo a lo que te puede exponer, y prepararte para todo ello. Conoce tu fe y ten la disposición y la suficiente firmeza para dejar que sea desafiada.

—Lucas

La universidad es también una de las mejores épocas para ser lo bastante valiente y compartir tu fe, porque creo que el potencial para impactar en el campus universitario resulta enorme.

—Allie

Resulta fácil ser ingenuo y pensar que, porque mientras estabas en la escuela secundaria eras un cristiano firme, que sabía lo que creía y por qué lo hacía, en la universidad será igual. ¡No es así! ¡En la escuela secundaria tenías una gran comunidad, pero llegar a la universidad te pone a prueba! Uno se puede sentir tan solo que empieza a cuestionarlo todo. Así que relaciónate con gente que se preocupe por ti a todos los niveles. Para mí habría sido muy útil, y creo que ahora no me estaría sintiendo tan perdido en algunas cosas.

—Zachary

No está mal pasar por períodos de dudas, desconfianza y desilusión. Se pueden atravesar épocas en las que te cuestionas y te sientes confuso. No escapes de ellas. Al mismo tiempo, tampoco te vayas al lado más profundo. Procede a la búsqueda intelectual y espiritual del alma dentro del contexto de una comunidad segura de gente que te ame de verdad.

—Sophia

Si alguien va a la universidad diciendo: «Quiero saber cómo puedo honrar mejor a Dios en esta situación en la que voy a entrar», puede tener éxito. No creo que nadie que haya pasado por la vida buscando oportunidades de honrar a Dios se haya visto desamparado. Creo que Dios es fiel para responder a ello y afirmar: «Me estás buscando y yo me voy a revelar ante ti».

—Neil

Reflexiones y preguntas para el debate

1. ¿Cómo se siente al ver que su hijo se está graduando? ¿Por qué se siente más agradecido con Dios? ¿Qué provoca sus temores o dudas?

2. ¿Cómo es confiar en Dios en lo que respecta a la graduación de su hijo o hija?

3. ¿Cree que su hijo sabe *realmente* que lo ama de manera incondicional? ¿Cómo podría manejar su próximo fracaso o éxito de forma que lo inunde con ese tipo de amor?

4. ¿Con qué familia, grupo o actividades de la iglesia le gustaría relacionarse junto a su hijo? ¿Cuándo es el mejor momento para intentarlo? ¿A quién puede unirse (otros padres, mentores, líderes de un grupo pequeño o juvenil) a fin de ayudar a su hijo a prepararse para la transición?

{ 8 }

Los altibajos del viaje de la fe sólida

Tu fe es tuya. No es la de tus padres ni la del pastor ni la de tus amigos. Debes saber qué es lo que crees y por qué lo haces, no para justificarte delante de otros, sino para poder argumentártelo a ti mismo [...] a fin de que puedas vivir sin contradicciones internas.
—Devon

Tienes que confiar rotundamente en que has decidido seguir a Cristo y tienes motivos personales para ello. «Porque mis padres son cristianos» o «Porque lo dice el líder de mi grupo juvenil» son razones que ya no funcionan.
—Tara

A estas alturas tal vez estará pensando —y esperando— que solo con seguir las recomendaciones de este libro, basadas en la investigación, tendrá un plan garantizado para poseer una fe sólida.

Lo siento. No podemos darle ese tipo de garantías.

Este último capítulo trata la incómoda verdad de que el viaje de la fe sólida está lleno de altibajos. Aunque esperamos, y oramos, que nuestros hijos e hijas permanezcan aferrados a Jesús, es posible que se aparten de la fe, al menos durante una temporada. No todos los chicos se alejan a la deriva de la fe de sus padres, pero en un momento u otro muchos lo hacen, al menos por un tiempo. En realidad, nos gustaría decirle que debería contar con ello. Aférrese a la idea de que existen elementos saludables en este desvío, y agradezca humildemente si es uno de aquellos cuyos hijos han permanecido firmes y fieles al evangelio mientras hacían su transición de la adolescencia a la adultez.

Ir a la deriva es algo curioso. La frase evoca una imagen de flotar sin dirección en una balsa sobre aguas tranquilas o impulsados por la corriente de un río. Trae a la memoria imágenes de vagabundos sin motivación. Para muchos padres, esta es una descripción adecuada de lo que experimentan los adolescentes cuando saltan por la borda desde el yate bien dotado y mantenido de la fe de sus padres.

Una de las muchas cosas buenas (¡y hay muchas más de las que dicen!) que conlleva para mí (Chap) envejecer y tener hijos mayores, es que la vida constituye una gran maestra. Existe una gran cantidad de información disponible sobre la educación parental, muchos consejos y largas listas de «principios orientadores». Sin embargo, cuando todo está dicho y hecho, la vida es cualquier cosa menos una línea recta, o manteniendo la metáfora anterior, un canal en calma. Por el contrario, se trata de un río salvaje, lleno de aguas turbulentas y rocas escondidas. Cuando su hijo adolescente navega por él, lo que aparenta ser un desvío puede resultar en realidad el curso natural de la fe que, aunque sea distinta a la suya, puede acabar ayudando a que sus chicos se aferren a Jesús.

DESCUBRIMIENTOS NOTABLES

Los hijos necesitan tener su propia fe

En última instancia, usted desea que el viaje de fe de su hijo lo conduzca exactamente a eso: a la fe de *su hijo*. En algún momento, todo padre abre los ojos y se da cuenta de que lo importante para nuestros hijos no son *nuestras* esperanzas, planes y sueños con respecto a ellos, sino los *suyos*. Y esto se aplica a los deportes, la música, el teatro y el baile, también a los intereses académicos y, sobre todo, a su fe.

Cuando nuestros tres hijos eran jóvenes, oramos diligentemente por y con ellos. Nos regocijamos con los detalles más complicados de todas y cada una de las expresiones de su conexión con Jesús. Grabamos sus primeras oraciones y hemos guardado las pinturas a dedo que hicieron de los héroes bíblicos en la Escuela Dominical. Al comenzar la escuela elemental y asistir a la escuela bíblica de vacaciones, los diferentes campamentos, y finalmente al campamento de «niños mayores» en el Centro de Conferencias de Forest Home, cerca de casa, atesoramos cada relato entusiasmado sobre las actividades realizadas, los canciones aprendidas y la forma en que Dios había obrado en sus vidas.

En la escuela intermedia, el viaje espiritual comenzó de una forma un poco más arriesgada. El líder de su grupo pequeño y la reunión juvenil les encantaba una semana y a la siguiente les resultaban «aburridos». Su experiencia de la iglesia y el grupo de jóvenes giraba en torno a lo que hacían durante el tiempo que pasaban allí. En esa época, la iglesia seguía siendo una extensión de nosotros, y por lo tanto su fe también lo era.

Una vez que llegaron a la escuela secundaria y sobre todo a la universidad, la cosa cambió de manera extraordinaria.

Al contrario que a principios de la adolescencia, en la escuela secundaria la pregunta ya no consiste tanto en: «¿Qué vamos a hacer?», sino en: «¿Quién estará allí?». La experiencia compartida con sus compañeros y en especial con el sexo opuesto era una gran motivación para nuestros hijos durante la escuela secundaria. Esto coincidió con el momento en que los chicos comenzaron a apartarse de nuestra fe parental para pasar a un lugar donde resultaba seguro que exploran la suya propia.

Nuestra experiencia como familia refleja la investigación que hemos presentado en este libro: para cuando nuestros hijos entran en el final de la adolescencia, ya no es tu fe la que los sostiene o mantiene su interés en Dios o la iglesia. Mientras se mueven mentalmente hacia la conciencia abstracta y empiezan a luchar de forma reflexiva con su identidad, se dan cuenta de que el cristianismo es algo que necesitan descubrir para tomar la decisión de abrazar el suyo propio.

Los hijos que experimentan un apoyo incondicional tienen más probabilidades de tener una fe sólida

Para los muchachos de hoy, los sentimientos de aislamiento, los programas basados en el rendimiento y el abandono de aquellos que se supone están allí para ellos constituyen un precio a pagar enorme. No se trata de que algunos hayan sido dejados en la estacada y que, por lo tanto, solo estos chicos «marginados» sientan los efectos de crecer sin el respaldo social necesario para navegar por los desafíos y las expectativas de la vida. Por el contrario, como resultado de hacerse mayores en nuestra cultura acelerada, fragmentada y concentrada en lo externo, han perdido «capital social», ese sentido de que existe al menos un puñado de adultos que se interesan por ellos y están dispuestos a invertir en sus vidas sin un programa egoísta. Crecer es, en cierto modo, algo difícil y solitario para todos los jóvenes.

A esta realidad le añadimos nuestro propio deseo y nuestras expectativas de que nuestros hijos crezcan como fieles y consecuentes seguidores de Jesús. No pretendemos que sea otra barrera alta que deban alcanzar, pero dado que para la mayoría de nosotros supone un valor tan sagrado, resulta difícil permanecer en un segundo plano y permitir, sin apasionamiento, que hagan sus propias elecciones. Por la naturaleza misma del compromiso de fe, nosotros como padres naturalmente deseamos (por lo general con profunda y expresada pasión) que nuestros hijos sigan nuestras pisadas espirituales.

Y sus muchachos lo saben. Esto es algo que nunca se aleja del entorno de su desarrollo. El dilema al que se enfrentan cuando entran a la escuela secundaria y avanzan más allá es que saben cuánto deseamos que tomen su fe en serio. Sin embargo, muy pronto también se enteran de que la fe no tiene absolutamente ningún sentido a menos que la elijan por sí mismos. Esta tensión puede provocar un número de respuestas tanto de los padres como de los hijos cuando estos empiezan a explorar su propia fe. Harán cualquier cosa, desde no comentar sus pensamientos, mentir o fingir que se están apoyando en la orientación de sus padres, sentirse hartos de la presión (por implícita y sutil que le pueda parecer a usted como progenitor), hasta que todo les dé igual y la fe ya no les importe nada.

Cuando la hija de unos buenos amigos pasó por un momento difícil durante la escuela secundaria y después, ellos se esforzaron mucho por encontrar el equilibrio entre el amor firme y el estímulo. Durante su año preuniversitario, no solo se apartó de su fe, sino que también abandonó la escuela, los amigos y a la familia. Les aseguraba a sus padres que los amaba, pero su engaño, su actitud y su conducta eran muy destructivos y les causaron un gran dolor a sus progenitores.

Una tarde, tras una semana particularmente mala, le pregunté a su padre cómo podía tratar con ella y si no se sentía indignado por completo con su hija. No me respondió, sino que me indicó que lo siguiera a su estudio, en el piso superior. Tomó una carta enmarcada que se hallaba en el centro de su escritorio. Sin decir una palabra, me hizo saber lo que su hija significaba para él:

Una hija de diecisiete

Tengo una hija de diecisiete
Cuando me miente... la amo.
Cuando me decepciona... la amo.
Cuando no vive según mis expectativas... la amo.
Cuando me hace quedar mal... la amo.
«Ahora puedo entender cómo cuando te complace...
y obedece... y te satisface...», me dices.
Pero no te estoy hablando de eso.
Precisamente cuando no hace ninguna de estas cosas...
yo la amo
Y por una simple razón:
Soy su padre... y ella es mi hija.

Cuando sus hijos lo decepcionan (y fíjese que digo *cuando* y no *si*), usted puede sentir la tentación de distanciarse de ellos para enseñarles una lección o incluso protegerse a sí mismo. Cualquier lugar al que se vuelvan les demuestra que han crecido en una cultura en la cual cuando luchan o fracasan, la gente tiende a alejarse.

Sobre todo en sus momentos más difíciles, sus chicos necesitan saber que por encima de todo lo demás, usted está ahí para ellos, independientemente de la circunstancia que estén atravesando.

En el caso de mis amigos, a su hija le costó varios años de duros golpes y elecciones destructivas hasta que al final se afirmó como persona. Con el tiempo, y aunque la historia no acaba del mismo modo para todo el mundo, regresó a sus raíces cristianas y está profundamente involucrada en su fe. Aunque no hay manera de saber hasta qué punto contribuyeron el amor y el apoyo de su familia a que regresara al Dios que la ama, nuestra investigación demuestra que cuando los hijos no se sienten abandonados —sino respaldados— por sus padres y otros adultos, tienen más probabilidades de desarrollar una fe sólida.

El crecimiento y el cambio son necesarios y a veces desordenados

Luego de un seminario que impartí recientemente, una pareja me abordó. Estaban preocupados por su hijo de catorce años, un estudiante de primer año. Él era «brillante», pero tan hiperactivo que su comportamiento resultaba disparatado. Replicaba constantemente, se metía en pequeños problemas en la escuela y no estaba viviendo «según su potencial».

Sin embargo, su pregunta se relacionaba con el hecho de que su hijo no respondiera correctamente a su «autoridad» como líderes espirituales de la familia. No le gustaban los devocionales familiares, no se quitaba la gorra cuando oraban, y había dejado de leer la Biblia antes de ir a dormir. Se hallaba «perdido y estamos muy preocupados de que si no tomamos una medida rápida y dura, lo perderemos para siempre. ¿Qué deberíamos hacer?».

Evidentemente, esta breve descripción lleva una terrible carga, y frente a frente el problema era aun más enrevesado. No obstante, enfoquémonos en su punto central: «Mi hijo asiste a la escuela secundaria y en él se está produciendo un cambio que está afectando su fe. Tenemos miedo, ¿qué podemos hacer al respecto?».

Está cambiando

Lo primero que los padres deben recordar es que pasar de la infancia a la adultez se describe con una sola palabra: cambio.

Es algo inevitable y necesario. Su hijo está creciendo y cambiará, y lo hará con frecuencia. Algunas veces lo notará, pero en la mayoría de las ocasiones usted no se dará cuenta. Es como si un día despertara y comprobara que la persona que su hijo «es» hoy no se corresponde con la que era hace algún tiempo.

Por lo general, el cambio significa que algo está ocurriendo en él, y esto es bueno e importante. Su hijo se encamina a la madurez y está explorando quién es, aprendiendo cómo navegar por las distintas experiencias y expectativas que lo ayudarán a afianzarse en su propia fe duradera.

Este cambio está afectando su fe

Dios nos creó como gente completa, plenamente integrada, de modo que nuestras perspectivas y convicciones surgen de un mismo centro complejo. Por lo general, se considera que ese núcleo es la voluntad, donde se asienta nuestra volición, hacemos y nos apropiamos de nuestras decisiones. Esto significa que, mientras su hijo crece, todo lo que experimente en un área de su vida impactará en todas las demás. A medida que va madurando, empezará a explorar su sentido de la identidad, lo que cree, y también probará su propia voz a lo largo del camino. Y al hacerlo, manifestará un crecimiento y un movimiento que resultan vitales para entrar en la adultez.

Como padres, resulta más fácil celebrar el ejercicio de esta asertividad recién encontrada y desarrollar la independencia en unas áreas más que en otras. Cuando su hija llega a casa e invade la reunión de su grupo pequeño, involucrándose en la conversación, usted se hincha de orgullo. Sin embargo, cuando esa misma chica defiende enérgicamente la legalización de la marihuana durante la cena con unos parientes lejanos, quizás no se sienta tan entusiasmado.

A medida que sus hijos crecen, recuerde que están intentando reunir una amplia variedad de mensajes, expectativas y programas que reclaman su atención. Su inversión no es menor ni se pierde fácilmente, pero su hijo debe atravesar el proceso de decidir por sí mismo el camino que debe tomar. Se trata de un paso desordenado, y a corto plazo al menos tiende a afectar su fe.

Tenemos miedo, ¿qué podemos hacer al respecto?

No estoy seguro de conocer a algunos padres que no sientan temor, aunque sea un poco, por su hijo y el futuro de este. Una cierta cantidad de temor parental es normal, nos mantiene alerta, en oración, y a la búsqueda de cualquier cosa que nos ayude a responder de manera que podamos ayudarlos mientras crecen. Sin embargo, existe otro tipo de miedo —ese que paraliza, imposibilita y deja sin aliento— que lo hace reaccionar en lugar de responder, controlar en vez de guiar, obligar más que moldear, e imponer cuando debería escuchar. La mayoría de nosotros experimentamos el primer tipo de temor al menos en alguna ocasión, pero cuando nos vamos deslizando periódicamente hacia la segunda clase, este nos impide estar disponibles y presentes para nuestros hijos. Y si ellos resbalan, nuestros miedos empeoran.

Cuando nuestros hijos flaquean o se rebelan, no debemos permitir que esas actitudes, comportamientos o retóricas momentáneos nos hagan tambalear de nuestro proceder de amar y estar ahí para ellos de una forma sistemática. En realidad, esa es nuestra única opción. El enfado, la reacción exagerada, las peleas emocionales o las súplicas desesperadas no podrán resistir el poder del proceso de desarrollo.

Lo más importante es la identidad de su hijo cuando tenga treinta años y no lo que está ocurriendo a sus diecisiete, o incluso a los veintidós o veinticinco años de edad. A lo largo de la adolescencia probará varias opciones: estilos de vida, cosas que le gustan o le disgustan, amigos, trabajos y, sí, también opiniones sobre Dios. Eso es lo que tiene que ocurrir para que se conviertan en adultos. A lo largo del camino, esta es nuestra esperanza: la educación parental es una expresión de cuidado y ternura, así como de amor desenfrenado. Es una aventura a largo plazo, con altibajos, ganancias y pérdidas.

Cuando se sienta desalentado o asustado recuerde que su trabajo no es una carrera a toda velocidad, en la que cada zancada supone la máxima diferencia. La educación parental es una maratón y el ritmo es lo más importante.

Su fe impacta a su hijo más que ningún otro factor

Tal vez nuestro descubrimiento más relevante y resumido en cuanto a la influencia de los padres sea este: la forma en que usted exprese y viva su fe tendrá, en igualdad de condiciones, un mayor impacto en la vida de su hijo que cualquier otro factor. Existen muchas otras cuestiones que lo influencian mientras busca alcanzar una fe sólida. A pesar de ello, lo que sus hijos ven, oyen y experimentan mientras van creciendo junto a usted comunicará más sobre la esencia y la veracidad de la fe que cualquier otra cosa a la que se enfrenten o persona que conozcan. Los pastores juveniles, los mentores, los líderes de Vida Joven, los amigos de fe y otra gente que Dios trae a su vida pueden ser las personas de las que hablen

> *Definitivamente, observo en mi padre una dedicación al Señor. Puedo entrar en su habitación algunas veces cuando lo estoy buscando y salir rápidamente, porque lo hallo de rodillas junto a su cama en oración. De modo que estas imágenes están grabadas a fuego por siempre en mi mente en lo que concierne a su dedicación al Señor y nuestra familia.*
> —Colette

cuando comparten su fe. Una amistad especial durante la escuela secundaria o una única vez en un campamento pueden recibir el crédito por una fe sólida sostenible. Sin embargo, el legado que usted deje será una impronta de la importancia y la centralidad de la fe sobre tu hijo que durará para siempre.

La realidad es que, más importante aún que la apariencia de vivir la vida de un cristiano fiel es escoger vivir de cierta forma porque Cristo nos constriñe a hacerlo. Nuestra forma de interactuar con una persona sin hogar, por ejemplo, dejará una huella más indeleble en la fe de nuestros hijos que el importe del cheque que donamos a nuestra iglesia esa semana.

LA FE SÓLIDA LLEVADA A LA PRÁCTICA

En lo tocante a la fe, queremos con suma desesperación que nuestros hijos sean firmes y seguros en su caminar con Dios. Deseamos saber que, cuando se dirijan hacia la siguiente etapa de su vida, permanecerán fieles y comprometidos. Y aquí tenemos un dilema: nuestra fe jamás podrá ser la suya, pero nosotros seguimos intentado obligarlos a imitar nuestra experiencia y nuestro viaje. Sabemos que no podemos hacerlo, pero resulta muy difícil evitarlo, ya que es lo único que conocemos.

Quisimos acabar este libro con nuestras mejores «ideas a lo largo del viaje» para ayudarlo a usted y sus hijos, independientemente de la etapa de la vida y el camino espiritual en el que se hallen, a experimentar la plenitud de vida con Cristo en cada paso del camino.

Fomente una amistad con su hijo para toda la vida

El día que nació nuestro primer hijo, agarró mi dedo meñique. ¡Luego gorjeó, se retorció y miró fijamente al espacio, pero siguió aferrado! Ahora tiene casi treinta años, y desde que nació ocupa un lugar en mi corazón.

La paternidad llega con un anhelo insaciable de defender, resguardar y proteger. Una broma típica de los padres es que cuando al primer hijo se le cae el chupete, lo recoges, corres al grifo y lo lavas con agua limpia. Cuando ocurre lo mismo con el segundo, lo tomas del suelo, lo frotas contra tu pantalón y se lo vuelves a introducir en la boca. En el caso de un tercer hijo, le pides al perro que sea él quien lo vaya a buscar. No obstante, bromas aparte, oramos, nos preocupamos y lloramos por cada uno de ellos.

Mientras sus hijos atraviesan la adolescencia (y recuerde que ahora esto incluye los veintitantos), en especial en los momentos de lucha o experimentación con el estilo de vida y las elecciones, recuerde que su compromiso estable, a largo plazo, de estar ahí para ellos independientemente de lo que hagan o cómo actúen es el mayor regalo que les hace. La palabra *respeto* se ha convertido en algo que se gana mediante la posición (como en el caso de los maestros o ancianos) o la actuación. Sin embargo, cuando Pedro dice que tratemos a los demás con «gentileza y respeto» (1 Pedro 3:16), está afirmando un principio fundamental de la intención de Dios con respecto a cómo deben tratarse todos, los unos a los otros. Usted puede respetar a su hijo aunque discrepe, incluso vehementemente, con sus elecciones o su estilo de vida. Puede ser su amigo incluso cuando lo hayan decepcionado de un modo profundo. Este es el llamado del evangelio. Asimismo, es el llamado para toda la vida de un padre.

Cuando nuestros hijos dejen a un lado su fe durante un tiempo, resultará sumamente tentador pensar que si pudiéramos manipular unos cuantos detalles de su situación, volverían a sus raíces. Esto suele manifestarse cuando pensamos: «Si mi hija viniera conmigo a la iglesia en Navidad, se daría cuenta de cuánto necesita a Jesús» o «Si pudiera reunir a mi hijo y a esa amable joven de la iglesia para una cena, mi muchacho desearía regresar a la iglesia». Por supuesto que Dios puede utilizar una cena o un culto para atraer a nuestros hijos de vuelta a él; sin embargo, como hemos sabido por las conversaciones con familias de todo el país, esto no es lo que sucede normalmente.

La restauración suele ocurrir mediante la relación. En lugar de retorcerle el brazo a su hijo para que regrese a la iglesia, es mucho más importante que sepa que está ahí para ellos en cualquier circunstancia.

Cuente con el pueblo de Dios para que lo apoye

Asegúrese de caminar por la vida con otros que lo amen y lo apoyen a usted y también a sus hijos.

Podemos encontrar varias fuentes de consuelo cuando nuestros hijos descuidan o rechazan la fe. La más importante es, por supuesto, la fidelidad de Dios: el Señor ama a su hijo mucho más que usted. En segundo lugar, si su familia ha servido a Cristo durante gran parte de la vida del chico, las semillas que ha plantado son poderosas y reales. La evidencia es clara, como hemos demostrado en este libro, existen numerosos factores que se van acumulando con el tiempo y pueden arraigarse dentro de su hijo. Los años, los rituales, la oración y las conversaciones que hayan tenido como familia vendrán a la mente de sus hijos cuando se alejen de su influencia directa. En esto puede haber un gran consuelo.

Asimismo, en el pueblo de Dios también es posible hallar consuelo. Como Pablo escribe: «Alabado sea el Dios y Padre de nuestro Señor Jesucristo, Padre misericordioso y Dios de toda consolación, quien nos consuela en todas nuestras tribulaciones para que con el mismo consuelo que de Dios hemos recibido, también nosotros podamos consolar a todos los que sufren» (2 Corintios 1:3-4).

Uno de los aspectos más poderosos de la comunidad cristiana es la forma en que Dios nos ha designado para consolarnos unos a otros cuando luchamos. Aun de quienes no pueden saber personalmente cómo nos sentimos, o cuya experiencia es distinta a la nuestra, podemos recibir el apoyo y el cuidado que necesitamos para sentir el toque alentador de Dios. Cuando nos relacionamos en nuestra vida con amigos que comparten nuestra fe y poseen la capacidad de escuchar, tener empatía, y sobre todo amar y honrar a nuestros hijos aun cuando están atravesando luchas, recibimos el don del Espíritu Santo por medio de ellos.

Entréguele su hijo a Jesús

En un punto de nuestra vida familiar estábamos atravesando momentos muy oscuros. El consejo más poderoso que recibimos (y vaya que recibimos, o al menos aguantamos, muchos no tan útiles) llegó de una pareja que ya habían pasado y terminado su educación parental. Sabíamos que estos amigos, que eran más o menos una década mayores que nosotros, estaban comprometidos con nuestra familia y a nuestra disposición para que nos apoyáramos en ellos y ayudarnos a navegar por las circunstancias.

Un día compartieron un asunto en particular que los había sumergido en un profundo cuestionamiento y ansiedad debido a las elecciones que su hija hiciera durante el tiempo universitario. Entonces describieron una imagen que habían visto que representaban a Jesús de pie en la cima de una montaña, en toda su majestad y esplendor. Sus brazos se hallaban extendidos y sus ojos llenos de compasión. Sin palabras, les decía: «Déjenme ocuparme de su hija, porque también es mía. Yo la amo y estaré con ella. Confíen en mí».

Mientras este padre me contaba la historia, hizo una pausa, recreándose en la belleza y la maravilla de este recuerdo. Luego me miró y dijo: «Así que le entregué mi hija a Jesús. Él la sostuvo y yo lloré. Nos sentimos muy agradecidos y aliviados. Supimos que el Señor estaba presente, era real y se preocupaba. Entendimos que era fiel para ayudarla y levantarla. Luego...».

Pausa.

»Sencillamente no podía dejarla con Jesús. Me resultaba imposible, aunque una parte de mí quería hacerlo. Alargué mi brazo y se la quité, le di las gracias y descendí de la montaña llevando a nuestra hija, ya que era nuestra y nosotros éramos sus padres».

Podía imaginarme la escena y deseaba con desesperación dejar a nuestro propio hijo con Jesús, pero sabía que, al igual que el padre que compartía su desgarradora historia, sentiría la tentación de retomar a nuestro hijo e intentaría controlar la situación por mí mismo.

Luchaba entre el deseo de entregarle nuestro hijo a Jesús y las ganas de intervenir como padre, cuando este hombre prosiguió con su relato: «Ese fue nuestro viaje, o mejor dicho el mío. Mi esposa fue capaz de dejarla allí, donde estaba, en los brazos del Salvador que la amaba. Pero yo no pude. No fui capaz de confiar en él con respecto a ella... hasta mucho, mucho después. De modo que entrégale a tu muchacho a Jesús y déjalo allí».

Para ser sincero, a mí me resulta difícil entregarles nuestros hijos a Jesús. (A Dee se le da mejor, aunque ella misma admite que es un desafío sumamente grande). Conozco mejor la otra parte, lo que sucede cuando no los pongo en los brazos del Señor:

Oro y lloro, escribo en mi diario, voy al trabajo en el auto
mortificándome, molesto e incluso enojado;
Busco lo peor de cada circunstancia;
Me imagino el resultado más destructivo de cualquier decisión o situación, y sobre todo;
Conspiro para manipular las circunstancias que rodean a
mi hijo, intentando protegerlo cuando en realidad lo
que estoy haciendo es obstaculizar su propia necesidad de aprender y crecer.

Sin embargo, hay momentos en los que me resulta más fácil
o al menos más productivo confiarle mis hijos, sus vidas y su viaje
espiritual a Jesucristo. En esas ocasiones, me asocio en oración
con mi esposa y solidificamos nuestro sentido de que Dios es fiel
y está presente. Ella y yo pasamos tiempo reflexionando sobre lo
bueno que vemos y las «ganancias» que notamos (por pequeñas
que sean), aun en los momentos de lucha más intensa.

En ocasiones nuestros hijos buscan formas de seguir a Jesús
que, aun siendo distintas a las nuestras, son genuinas e incluso
fascinantes. Cuando somos conscientes de ello, alentamos sus esperanzas o sueños. Por ejemplo, cuando uno de nuestros hijos se
sintió llamado a abandonar la universidad para ir a Kenia y trabajar
junto con unos amigos masais, nos resistimos a la necesidad de
convencerlo de que no lo hiciera. En vez de ello, trabajamos con
él para que pudiera ir. Fue una experiencia que nos cambió la vida
a todos.

Procuramos mantener y fortalecer la relación de confianza con
nuestros hijos en todo lo que hacemos, aunque busquen su propio
espacio para hallar su camino. Esta ha sido una parte importante de
nuestra estrategia como padres, y ha resultado de las más produc-
tivas. Aun en medio de los peores tiempos, hemos sido capaces de
mantener el vínculo de amor con cada uno de nuestros hijos. Y en
repetidas ocasiones nos han comentado que este fue el regalo más
significativo que les dimos durante aquellas épocas de búsqueda.

A lo largo de este libro examinamos diferentes enfoques de
nuestra investigación, consultamos las Escrituras y seleccionamos

información de una gran variedad de valiosas fuentes. Hemos ofrecido estrategias e ideas que tratan datos y tendencias particulares. Hemos compartido historias de nuestra experiencia con nuestros propios hijos y familias, así como las de numerosos padres que hemos conocido por todo el país. A pesar de ello, cuando todo está dicho y hecho, y como hemos debatido en este capítulo, el viaje espiritual de sus hijos les pertenece solo a ellos. En última instancia, es algo entre ellos y Jesús.

De modo que llegamos al final de este libro con una sencilla petición, una que Kara y yo, junto con nuestros cónyuges, estamos aprendiendo a vivir cada día: deje a sus hijos con Jesús. Aférrese en todo momento a Jesús y confíe en que él siempre estará junto a usted y su familia.

Reflexiones y preguntas para el debate

1. Piense en algún momento en el que luchó con su fe. Describa cómo fue. ¿Cuáles fueron las circunstancias? Dé algunas razones por las cuales volvió a la fe en Cristo.

2. Considere el momento en que atravesó las etapas finales de su propia transición de la adolescencia a la adultez. ¿Qué hicieron bien sus padres? ¿Qué le habría gustado que hicieran de un modo distinto? ¿Cómo está repitiendo lo bueno, lo malo y lo feo de las actitudes y los actos de sus padres ahora que tiene a sus propios hijos?

3. ¿Qué actitudes o comportamientos pueden presentar o mostrarles los padres a sus hijos que podrían contribuir a apartarlos de ellos cuando intentan elaborar su propia fe? Ahora piense en usted como progenitor. ¿Qué actitudes o comportamientos podría estar mostrando que provoquen el mismo efecto en sus hijos?

4. ¿Qué cree que necesita su hijo de usted —ahora mismo, en este lugar y momento— para tener la mejor oportunidad de explorar la fe sin tener que llevar la carga de lo que usted desea o siente?

5. En medio de lo que pueda estar ocurriendo con su hijo, ¿qué le parecería entregárselo a Jesús?

Resumen de la investigación sobre el «Proyecto de transición a la universidad»

El «Proyecto de transición a la universidad» del Instituto de la Juventud Fuller consiste en cuatro iniciativas de investigación distintas: un primer estudio experimental cuantitativo que incluyó a sesenta y nueve graduados de grupos juveniles; dos estudios longitudinales (principalmente cuantitativos) de tres años sobre los estudiantes del último curso de la escuela secundaria durante sus primeros tres años en la universidad, con la participación de ciento sesenta y dos y doscientos veintisiete alumnos respectivamente; y entrevistas cualitativas a cuarenta y cinco antiguos alumnos de grupos juveniles a los dos y cuatro años de su graduación en la escuela secundaria.

En el 2004, el Fuller Youth Institute [Instituto de la Juventud Fuller] (FYI, en aquel tiempo llamado Center for Youth and Family Ministry [Centro para la juventud y el ministerio de la familia]) inició un estudio de investigación experimental llamado «Proyecto de transición a la universidad» (College Transition Project, CTP), el cual encuestó a sesenta y nueve alumnos universitarios de un único grupo juvenil del noroeste. Los resultados preliminares sugieren un vínculo entre el estado espiritual actual de un estudiante universitario y la calidad de las relaciones fundamentales durante los años de la escuela secundaria, incluido el entorno mismo del grupo de jóvenes. Como resultado, en 2005-2006, FYI puso en marcha un estudio más amplio, reclutando a alumnos involucrados en los grupos juveniles de la iglesia durante la primavera de su último año de la escuela secundaria. Para participar en la encuesta se requería que estos jóvenes superaran los dieciocho años de edad, formaran parte de un grupo juvenil de la iglesia y tuvieran la intención de asistir a una facultad o universidad después de la graduación. Los muchachos fueron escogidos a través de la red nacional de contactos de líderes juveniles y el resultado fue un muestreo de ciento sesenta y dos estudiantes que se encuestaron cuatro veces durante los tres años. Treinta de ellos participaron en entrevistas posteriores de una hora de duración durante al cuarto año fuera de la escuela secundaria.

En 2006-2007, gracias a la financiación de Lilly Endowment, FYI puso en marcha un nuevo estudio longitudinal a nivel nacional de estudiantes del último año de la escuela secundaria relacionados con grupos juveniles de la iglesia para examinar sus experiencias en cinco puntos: la primavera de su año preuniversitario (2007); el otoño y la primavera de su primer año de universidad (2007 y 2008); la primavera de su segundo año universitario (2009); y la primavera del tercer año en la universidad (2010). El objetivo principal del estudio consistía en determinar si existen características programáticas y relacionales de los ministerios juveniles en la escuela secundaria y las iglesias que tienen una relación demostrable con la forma en que los estudiantes realizan el ajuste de su fe a la vida después de la secundaria.

PARTICIPANTES

El muestreo para este estudio longitudinal iniciado en el año 2007 consistió en doscientos veintisiete estudiantes de último año de la escuela secundaria tomados de distintas regiones de los Estados Unidos. Más de la mitad (56,3%) de los encuestados eran chicas, mientras que el 43,7% eran chicos. Predominaban los blancos/caucásicos (78%). Los alumnos asiáticos o asiático-estadounidenses constituían el 11% del total, mientras que los hispanos/latinos ascendían al 5%. Los afroamericanos y los estadounidenses nativos ascendían al 1,4% del muestreo. Los participantes presentaban un promedio de notas del 3,5 al 3,99, con un 63% del muestreo que superaba el 3,5. Dado que el 88% de los estudiantes del último año de la escuela secundaria que presentan su solicitud de ingreso a la universidad tienen un promedio por encima de 3, nuestra selección representa a un grupo de alto rendimiento[1]. La mayoría de los participantes procedía de las iglesias más grandes. El tamaño medio del grupo de jóvenes era de entre cincuenta y uno y cien estudiantes, mientras que la iglesia constaba, según informaron, de más de ochocientos miembros.

Los participantes procedían, en su mayor parte, de familias intactas, de los cuales el 83,8% afirmó vivir con su padre y su madre; mientras que otro 4,1% vivía con uno de los padres y su nuevo cónyuge. En general, los padres de los participantes tenían una buena educación. Más de los dos tercios (69,7%) de las madres contaban al menos con un diploma universitario; en el caso de los padres, el número se aproximaba a las tres cuartas partes (73%). La gran mayoría de los padres (88,2%) de los participantes estaban empleados a tiempo completo, frente a menos de la mitad de las madres (42,5%).

Procedimiento

Desde octubre del año 2006 a febrero del 2007, los miembros del equipo de investigación que habían desarrollado redes en cuatro de las regiones geográficas de los Estados Unidos (suroeste, noroeste, sureste y noreste) identificaron el tamaño representativo de las iglesias y su diversidad denominacional, socioeconómica y étnica. Para este estudio solo se reclutaron a aquellas iglesias que empleaban a pastores juveniles a tiempo completo. Desde marzo hasta junio del 2007 se le pidió al personal del ministerio juvenil de cada una de las iglesias que participaban que invitaran a los estudiantes de último año de la escuela secundaria implicados en sus ministerios juveniles para que tomaran parte en el estudio. Como en el primer estudio, los alumnos seleccionados debían superar los dieciocho años de edad y tener intención de asistir a una universidad inmediatamente después de graduarse.

Los que decidieron participar podían hacerlo de una de estas tres maneras: completando juntos una versión escrita de la encuesta (facilitada por su pastor juvenil o un miembro del equipo de investigación del FYI); rellenando esa misma encuesta de forma individual en un momento y lugar convenientes para ellos, o haciéndolo en línea. Además de la encuesta, cada estudiante debía completar un formulario de consentimiento que le aseguraba la más completa confidencialidad. Dichos formularios llevaban un código de identificación único para cada individuo, así como la información de contacto (por ejemplo, dirección de correo electrónico y dirección física) a fin de poder localizarlos para futuras recopilaciones de datos, que se hacían a través de las encuestas en línea.

Instrumentos

Medidas de fe

Se emplearon cinco medidas del desarrollo de la fe para crear un cuadro completo tanto de las conductas y los compromisos interiorizados como exteriorizados. En cuatro de ellas se les pedía a los participantes que evaluaran su aceptación en una escala del uno al cinco, que iba desde *Estoy en profundo desacuerdo* (1) hasta *Estoy totalmente de acuerdo* (5). *La escala de la motivación religiosa intrínseca*[2] está formada por diez elementos que miden hasta qué punto la religiosidad de un individuo no es meramente externa y conductual, sino que se interioriza en la forma de los valores y las motivaciones propias. Algunos ejemplos de estos elementos incluyen: «Mi fe implica toda mi vida» e «Intento con todas mis fuerzas mantener mi religión en todos los demás asuntos de la vida». Una medida similar, *la escala de la relevancia de la fe narrativa*[3], evalúa en qué magnitud las propias decisiones están influenciadas por la sensación de tener una relación con Dios. Un ejemplo de estos elementos incluyen: «Si salgo con alguien o cuando lo hago, es (o debería ser) importante para mí que a Dios le agradara esa relación» y «Al escoger la universidad a la que asistir, ¿fue importante para mí buscar la voluntad de Dios?». La tercera medida es el formulario abreviado de diecisiete puntos de *la escala de la madurez de la fe del instituto de investigación*[4], que incluye elementos como: «Mi fe moldea mi forma de pensar y de actuar todos y cada uno de mis días» y «Mi vida está comprometida con Jesucristo».

Y la cuarta es *la escala de apoyo religioso*[5], que evalúa el grado en que los participantes se sienten apoyados y nutridos por Dios. Haciendo uso de los puntos de apoyo social, la escala incorpora indicadores como «Me siento valorado por Dios».

La quinta medida ofrece una evaluación de la conducta religiosa y ha sido creada por el CTP experimental [Proyecto de transición a la universidad]. Diez elementos valoran la frecuencia del compromiso según una variedad de conductas corporativas e individuales, e incluyen elementos como «orar solo», «leer la Biblia a solas» y «asistir con los padres a un culto de adoración o un acontecimiento relacionado con la iglesia». Las respuestas se dan según una escala del uno al seis, que va desde *menos de una vez al mes* (1) hasta *una vez al día o más* (6).

Medidas de la experiencia del grupo de jóvenes

Se crearon tres conjuntos de elementos a partir de datos cualitativos de las primeras etapas del proyecto con el fin de evaluar la participación de los estudiantes y sus actitudes con respecto a su experiencia en el grupo de jóvenes. En primer lugar, se les preguntó la frecuencia de su participación en los dos últimos meses, o durante el pasado año, en ocho de los puntos, incluidas actividades como retiros, viajes misioneros y la reunión a mitad de semana del grupo juvenil. En segundo lugar, se les presentaron veintidós declaraciones que constituyen las razones por las cuales los estudiantes asisten al grupo de jóvenes, incluidas: «Es donde están mis amigos» y «Allí aprendo acerca de Dios». Se les pidió que evaluaran la veracidad de cada una de estas afirmaciones con respecto a ellos mediante una escala de cinco puntos que iba desde *No es cierto en absoluto* (1) hasta *Completamente cierto* (5). En tercer lugar, se les preguntó qué preferían ver más o menos en su grupo de jóvenes. Se les presentaron trece puntos, como «tiempo individual con los líderes» y «viajes misioneros». Los participantes respondieron según una escala de cinco puntos que iba desde *Muy poco* (1) hasta *Mucho* (5).

Otras medidas

Además de estas medidas de la fe y el ministerio juvenil se añadieron otras escalas y preguntas relacionadas con distintas cosas que percibían: el apoyo social, parental y dentro del ministerio juvenil, la soledad, la extroversión, la deseabilidad social (como factor de control) y las conductas de riesgo (contacto sexual, y uso del alcohol y la pornografía). Posteriores recogidas de datos han incluido más de estas mismas medidas (en particular las de la fe), además de escalas y preguntas relacionadas con los comportamientos religiosos en la universidad, el ambiente espiritual en esta y el ajuste a la misma, las dudas en cuanto a la fe, el contacto con los padres y otros adultos en la universidad, las discusiones con los padres sobre la fe, la preparación para tomar decisiones y la participación universitaria en el ministerio de la iglesia y el campus.

A continuación exponemos algunos de los instrumentos de la espiritualidad y sus elementos correspondientes.

La escala de la motivación religiosa intrínseca

1. Mi fe implica toda mi vida.
2. Uno debería buscar la dirección de Dios cuando toma cualquier decisión importante.
3. No importa tanto lo que crea mientras viva una vida moral.
4. Experimento la presencia de lo divino en mi vida.
5. En ocasiones, mi fe restringe mis actos.
6. Aunque soy una persona religiosa, me niego a dejar que las consideraciones religiosas influyan en mis asuntos cotidianos.
7. Nada es tan importante para mí como servir a Dios de la mejor forma que sé.
8. Aunque creo en mi religión, siento que existen otras muchas cosas más importantes en la vida.
9. Intento con todas mis fuerzas mantener presente mi religión en todos los demás asuntos de mi vida.

10. Mis creencias religiosas son realmente lo que subyace en todo mi enfoque de la vida[6].

La escala de la relevancia de la fe narrativa

1. Para mí es importante que mi carrera futura encarne, en cierto modo, el llamado de Dios.
2. Procuro ver los contratiempos y las crisis como parte del plan más amplio de Dios.
3. Si salgo con alguien o cuando lo hago, es (o debería ser) importante para mí que a Dios le agradara esa relación.
4. Cuanto pienso en mi programa, intento cultivar la actitud de que mi tiempo le pertenece a Dios.
5. Para mí es importante utilizar todo el dinero que tenga para servir a los propósitos de Dios.
6. Al elegir la universidad a la que asistir, para mí es importante buscar la voluntad de Dios.
7. Cuando pienso en las cosas que poseo o me gustaría tener, procuro recordar que todo lo mío le pertenece a Dios[7].

La escala de la madurez de la fe del instituto de investigación

1. Experimento una profunda comunión con Dios.
2. Mi fe moldea mi forma de pensar y actuar todos y cada unos de los días.
3. Ayudo a otros con sus preguntas y luchas religiosas.
4. Mi fe me ayuda a distinguir lo correcto de lo incorrecto.
5. Dedico tiempo a la lectura y el estudio de la Biblia.
6. Cada día veo la evidencia de que Dios está activo en el mundo.
7. Busco las oportunidades que me ayuden a crecer espiritualmente.

8. Dedico tiempo para tener momentos de oración o meditación.

9. Siento la presencia de Dios en mis relaciones con las demás personas.

10. Mi vida está llena de significado y propósito.

11. Intento aplicar mi fe a las cuestiones políticas y sociales.

12. Mi vida está comprometida con Jesucristo.

13. Me desvío de mi camino para mostrarles amor a las personas con las que me encuentro.

14. Tengo la verdadera sensación de que Dios me está guiando.

15. Me gusta adorar y orar con otros.

16. Creo que los cristianos deben obrar para lograr un entendimiento y una armonía internacional.

17. Me siento espiritualmente conmovido por la hermosura de la creación de Dios[8].

La escala de apoyo religioso

1. Dios me da un sentido de pertenencia.

2. Me siento apreciado por Dios.

3. Si algo saliera mal, Dios me ayudaría.

4. Me siento valorado por Dios.

5. Puedo acudir a Dios para pedirle consejo cuando tengo problemas.

6. Dios se interesa por mi vida y mi situación.

7. *No* me siento cerca de Dios[9].

Versión de la escuela secundaria de la escala de conducta religiosa

(Creada para el estudio de investigación experimental CTP)

Para los ocho puntos siguientes, dinos con qué frecuencia te involucraste en cada una de las conductas enumeradas durante *los pasados doce meses*: Menos de una vez al mes, Aproximadamente una vez al mes, Dos o tres veces al mes, Aproximadamente una vez a la semana, Dos o tres veces a la semana, A diario.

¿Con qué frecuencia…

1. hablaste con otro cristiano sobre tu fe fuera de un contexto relacionado con la iglesia?
2. oras a solas?
3. asistes a un culto de adoración o un acontecimiento relacionado con la iglesia?
4. hablas o intentas conversar con un inconverso sobre tu fe?
5. entregas voluntariamente tu tiempo para servir a otros?
6. participas en un pequeño grupo de compañeros con propósitos religiosos o espirituales?
7. lees tu Biblia a solas?
8. te reúnes con un mentor espiritual (que no sean tus padres)?

Versión universitaria de la escala de conducta religiosa

¿Con qué frecuencia…

1. hablaste con otro cristiano sobre tu fe fuera de un contexto relacionado con la iglesia?
2. participaste en una congregación cristiana en el campus?
3. oras a solas?
4. asistes a un culto de adoración u otra actividad en una iglesia fuera del campus?
5. hablas o intentas conversar con un inconverso sobre tu fe?
6. entregas voluntariamente tu tiempo para servir a otros?
7. participas en un pequeño grupo de compañeros con propósitos religiosos o espirituales?
8. lees tu Biblia a solas?
9. asistes a una capilla patrocinada por la escuela?
10. te reúnes con un cristiano mayor para un programa de crecimiento espiritual, tutoría o discipulado?
11. participas en el servicio o persigues la justicia a fin de ayudar a las personas en necesidad?

Perspectiva general de la investigación para el «Proyecto Sufrimiento»

Un proyecto de investigación en desarrollo; Chap Clark, doctor en filosofía, jefe de investigación

La investigación para el «Proyecto Sufrimiento», utilizado como un relevante colaborador para este libro, está impulsada por los datos, los resultados, las conclusiones, los debates y las limitaciones de un estudio inicial en dos partes realizado por un equipo de investigación y yo desde el año 2001 hasta principios del 2004, así como por la información añadida de la tercera fase (2004-2010). La fase inicial del proyecto ha sido promovida por la información descubierta en mis funciones como profesor sustituto desde finales del 2001 hasta junio del 2002 en la Escuela Secundaria de Crescenta Valley, en el Distrito Escolar Unificado de Glendale, mediante una metodología etnográfica conocida como observación participante. Al mismo tiempo, nuestro equipo realizó una concienzuda revisión literaria de todo el material relevante, tanto de fuentes populares como académicas, que sirvieron para informar, moldear y matizar estas observaciones y perspectivas emergentes. La segunda fase del proyecto, desde el verano del año

2002 hasta la primavera del 2004, consistió en diecisiete conversaciones abiertas con los estudiantes de primer y último año de la escuela secundaria en las que procuré reunir un nuevo lote de datos que diera textura y densidad a las observaciones y las revisiones literarias previamente utilizadas. Esto es lo que se recogió en la primera edición del libro *Hurt: Inside the World of Today's Teenagers* [Sufrimiento: Dentro del mundo de los adolescentes de hoy]. La fase continuada del proyecto es una síntesis de observación regular, entrevistas, conversaciones abiertas y grupos de enfoque deliberado, la cual proporciona datos adicionales a los resultados originales y rebatiendo las conclusiones que han variado o, al menos, se han transformado ligeramente durante los pasados años y que de manera más específica se centran en poblaciones y entornos que el estudio original no analizó en profundidad.

Aunque la observación participante fue la estrategia inicial y motivadora que se utilizó para el estudio, cada metodología de apoyo que usamos se integró de tal manera que produjera la descripción más completa y sólida del sentido general de la percepción que los adolescentes tienen de su realidad. Resulta vital que cualquier metodología sea capaz de proporcionar un retrato relativamente auténtico y honesto de quienes han sido analizados. Como observa Paula Saukko: «El mérito o la validez de un proyecto depende de la rigurosidad, la legitimidad y la corrección con las que se hayan realizado»[1].

Los datos transmitidos son la integración de un proceso de investigación en cuatro partes: mi papel como observador participante en una escuela secundaria; un equipo para la revisión de la literatura que investigó las cuestiones que surgían de mi observación; una serie de conversaciones y grupos de enfoque; y una síntesis continuada de observaciones, conversaciones, grupos de enfoque, interacción con la nueva erudición y un compromiso proactivo de dialogar tanto con los profesionales como con los eruditos.

Observación/etnografía participante

La pregunta fundamental que pudiera hacer un científico social sería quizás la siguiente: «¿Cómo podemos tener verdaderos *conocimientos* sobre una población concreta?». Como jefe de investigación en el Proyecto Sufrimiento tuve que luchar largo y tendido con esta pregunta durante casi una década. A medida que el mundo cambia y las tendencias culturales generalizadas demuestran cada vez más cómo nos afectan a todos esos cambios, esta interrogante motiva constantemente a los eruditos, aunque en muchos casos con cierta renuencia, a acercarse un poco más a aquellos que pueden enseñar más sobre su mundo, en este caso los adolescentes mismos. Estos chicos tienen hoy en día mucho más que compartir de lo que a menudo podemos ver y saber a través de los grupos de enfoque más típicos, los cuestionarios, o incluso la entrevistas personales. Cuando se estudia en especial a los adolescentes, las respuestas no siempre son coherentes, y algunas veces las creencias y las perspectivas actuales, las de la calle y las que se viven, no guardan correlación con lo que podrían contarle a un investigador.

Aquel que es ajeno a la naturaleza en constante cambio de los adolescentes tiene que escuchar con cuidado, observar, preguntar, invitar y buscar[2], aunque solo sea para empezar a pintar una imagen precisa del complejo y multifacético mundo de la adolescencia de hoy. Se necesita a alguien que esté lo suficiente cerca para conseguir una representación completa de lo que está ocurriendo, pero que al mismo tiempo inspire la seguridad necesaria que invite a conductas y conversaciones auténticas y sin filtro. Patricia y Peter Adler, destacados expertos etnográficos, afirman que la observación participante es una metodología de lo más productiva para estudiar la vida y la conducta adolescentes, como describen en *Journal of Contemporary Ethnography*: «Dada la fuerza que la etnografía tiene para entrar en el trabajo interno de los grupos, esta metodología ha sido fundamental para la exploración de cómo los adolescentes les dan sentido a sus mundos sociales»[3].

La estrategia específica que empleé consistió en hallar una forma de honrar el acuerdo con la escuela y el distrito de servir como profesor sustituto, mientras aprovechaba para observar a los estudiantes. Mantuve la integridad de mi función siguiendo las directrices que había dejado el maestro con respecto a la clase, y los codirectores y yo acordamos que los alumnos (así como la facultad y los administradores) también deberían estar al tanto de la razón por la cual yo estaba allí además de sustituir en la enseñanza. Empezaría cada clase explicando que me encontraba en una larga licencia sabática con el fin de escuchar y observar el mundo de los estudiantes de la escuela secundaria y que planeaba escribir un libro sobre lo que viera y oyera. Al final de cada día, recogería las impresiones —sin utilizar el nombre de ningún estudiante y ni siquiera sus clases específicas— de lo que había observado durante aquella jornada. Al final de cada semana sintetizaría mis notas diarias en una narrativa sencilla aunque exhaustiva, y guardaría mi cuaderno de bitácora. En unas pocas semanas los asuntos empezaron a surgir y me permitía a mí mismo comprobarlos de manera reflexiva en mis futuras observaciones diarias.

Durante el poco más de un semestre que estuve en el campus, recibí más de mil poemas, notas, canciones y cartas no solicitadas de los estudiantes (y unos cuantos profesores). Más tarde, nuestro equipo codificó estos textos (cambiando los nombres de los alumnos) junto con mis observaciones, conversaciones y conclusiones preliminares para crear una base de datos. Kathy Charmaz sugiere que este tipo de codificación de datos es un aspecto importante del proceso del observador participante con el fin de permitir que varios materiales seleccionados al azar sean integrados y sintetizados. Ella escribe lo siguiente: «La codificación le proporciona un andamio analítico al investigador sobre el cual puede ir edificando. Dado que los estudiosos analizan de cerca sus materiales empíricos, a partir de ellos pueden definir tanto nuevas indicaciones como los vacíos existentes. Cada dato —ya sea una entrevista, una nota de campo, el estudio de un caso, un relato personal o un documento— puede aportar información acerca de uno anterior»[4].

REVISIÓN DE LITERATURA

Aunque el Proyecto Sufrimiento se basó inicialmente en mi trabajo en el campus de una escuela secundaria, también hemos puesto un gran interés en alinear, o al menos medir, nuestras conclusiones con la literatura relevante. Nuestro compromiso con una revisión meticulosa interdisciplinaria de la literatura, por lo tanto, proporciona un conjunto de datos tan dinámico como cualquier otra forma de recogida de información que hayamos utilizado. En la observación participante, la revisión de la literatura ofrece una estructura de base y delimitadora que permite la investigación etnográfica abierta, aunque al mismo tiempo proporciona un lugar para el análisis contextualizado. La revisión de la literatura resulta vital, porque obliga al investigador etnógrafo a posicionar sus observaciones y conclusiones dentro de un marco conceptual previamente trazado o, de ser necesario, presionar para que surja una nueva forma de pensamiento. Esto es lo que mantiene la etnografía en general y a la observación participante en particular como una metodología de la ciencia social autentica y confiable[5].

Sin embargo, en la observación participante no se debe permitir que los límites conceptuales proporcionados por la literatura les den forma a las ideas y las perspectivas antes de que las observaciones mismas hayan salido a la superficie de las impresiones del investigador. En otras palabras, la literatura relevante debería usarse como un correctivo potencial de las observaciones y conclusiones que violan las suposiciones teóricas previas, no para que moldeen *a priori* las impresiones. Así es como hemos empleado la literatura relevante y la teoría tanto a lo largo del primer estudio como del trabajo continuado del Proyecto Sufrimiento.

CONVERSACIONES INFORMALES Y GRUPOS DE ENFOQUE

Los grupos de enfoque y sus primas investigadoras, las conversaciones informales de grupos, tienen el objetivo de proporcionarles a los etnógrafos una riqueza de conocimiento interno que otros métodos no captan con facilidad. En primer lugar, incluso el más astuto observador participante es capaz de no ver más que instantáneas de una población concreta, de modo que el grupo de enfoque podrá rellenar las lagunas[6]. Además, este tipo de grupo puede ayudar a los investigadores a evitar formar conclusiones prematuras antes de contar con la suficiente información de primera mano[7]. Descubrí que nuestro procedimiento de ajustar las conclusiones según los comentarios del grupo de enfoque había sido vital para nuestra comprensión general de esta población. Y finalmente, su mayor valor radicó en la forma en que los adolescentes fueron capaces de «revelar normas no articuladas y suposiciones normativas»[8], que en muchos casos sospechaba de forma general, pero que fueron manifiestas mediante la conformidad colectiva descriptiva y corporativa de los participantes del grupo. De este modo, a lo largo de todo el proyecto y desde entonces, hemos utilizado una cierta forma de interacción con grupos pequeños como tercera fuente principal de datos.

Los grupos estaban formados por de quince a veinte estudiantes de primer y último año de la escuela secundaria, elegidos entre al menos tres y por lo general de seis a diez grupos de población geográficamente cercanos[9]. Las ciudades y comunidades se seleccionaron de forma que representaran un amplio espectro de centros de población estadounidense y una extensa demografía: étnica, urbana, rural, suburbana, y así sucesivamente. (También dirigí dos grupos de enfoque canadienses, uno en la costa oriental y el otro en la occidental). Antes de llegar a una ciudad o población, contactaba al menos con dos agencias no gubernamentales (habitualmente más) para solicitar su ayuda a la hora de contactar a los jóvenes y las organizaciones de asistencia a la juventud, a fin de encontrar a individuos potenciales «articulados y dispuestos a debatir con compañeros, muchos de los cuales no conocerían, sus impresiones sobre el mundo en el que vivían, para un proyecto de investigación que procuraba entender la forma en la que los adolescentes perciben su vida y el mundo». Cada ciudad acababa siguiendo un proceso único, pero nuestro equipo insistía en las condiciones siguientes: de ser posible, no más de tres de los estudiantes se conocerían bien entre ellos; solo la mitad estarían activamente implicados en una sola categoría principal (equipo de deporte, organización juvenil de iglesia y/o religiosa, club de servicio, etc.); los participantes debían estar disponibles para una sesión única (que incluía pizza); y un progenitor debía firmar una autorización. En la mayoría de los casos le hacíamos un seguimiento por carta a cada padre pidiendo que reafirmara su disposición a permitir que sus hijos participaran. En los años transcurridos desde la primera edición, he dirigido de ocho a quince conversaciones similares, con distintos niveles de formalidad.

El formato de los grupos era sencillo. Queríamos permitir que las perspectivas surgieran sin verse moldeadas por la presencia del investigador o la forma de formular la pregunta. Por ello asistía solo a casi cada grupo de enfoque y tomaba notas con moderación, intentando permanecer fiel al método de observación, confiando en mi memoria excepto para las citas directas o especialmente concisas. A la hora de decidir cómo facilitar los grupos, escogimos pecar de sencillez y franqueza mediante frases como: «Háblame de la escuela» o «Coméntame sobre tus amigos» (o la persona con la que sales, tu familia o la presión). Una vez que los adolescentes lograban sentirse seguros a un cierto nivel unos con otros, mi labor más importante durante los primeros treinta a cuarenta y cinco minutos consistía en evitar los pensamientos de grupo, esos momentos en los que parecía que el debate adquiría una uniformidad demasiado nítida. Se ha documentado muy bien la investigación sobre la forma en que los facilitadores pueden evitar que esto ocurra, empleando un conjunto de aptitudes fácilmente accesibles y estrategias como invitar a una persona callada a responder una pregunta relativamente sin conexión, o mediante la reintroducción o redirección de las palabras que un individuo haya utilizado que pudieran contradecir la dirección en la que iba el colectivo[10]. Esto no demostró ser un problema en ninguno de los grupos.

El trabajo continuado del «Proyecto Sufrimiento»

Como ya hemos dicho, el trabajo del Proyecto Sufrimiento no acabó con la publicación del libro. En mi condición de profesor titulado he seguido enlistando estudiantes y graduados para investigar un amplio rango de literatura, formular preguntas etnográficas sobre el terreno, y trabajar personalmente y consultar con organizaciones y comunidades que procuren hacer un mejor trabajo entendiendo y sirviendo a los adolescentes. Nuestros equipos han elegido considerar esta investigación como una indagación continua e informar sobre lo que se ve y oye en el curso natural de las redes y relaciones, en lugar de formalizar el proyecto mediante un comité, una subvención o una institución. En vez de ello, cuando por ejemplo una escuela privada me invita (o a un miembro de mi equipo) a pasar un tiempo en su campus observando y entrevistando a los estudiantes y su facultad para determinar el nivel y los lugares de abandono sistemático, operamos bajos las directrices de la institución y la autoridad de su junta directiva. Cuando se nos brinda la oportunidad de dirigir grupos de enfoque, insistimos, como lo hemos venido haciendo desde el principio, en el consentimiento paterno, pero por lo demás observamos y funcionamos bajo los auspicios de la parte invitante.

Finalmente, la razón por la que hemos seguido con este proyecto y continuaremos durante los años futuros es que lo que descubrimos al escribir el libro original *Hurt* [Sufrimiento] no está mejorando. El nivel de responsabilidad y las competencias[11] que se requieren de los chicos desde edades muy tempranas han aumentado de manera exponencial a lo largo de la pasada década. Sin embargo, el apoyo y la dirección que les están brindando los adultos sin un programa de autoservicio han disminuido casi en la misma proporción. Estamos convencidos de que niños y adolescentes no han experimentado jamás un capital social menor del que disfrutan hoy día, y de que experimentan más estrés que cualquier otra generación en la historia. Respaldamos a un creciente grupo de personas comprometidas con alzar la bandera de la conciencia, la conversación y la acción para que nuestros hijos, y los suyos, crezcan en un mundo en el que se les conozca, ame y valore.

Notas

Capítulo 1: La realidad de una fe no tan sólida

1. Laurie Goodstein, «Evangelicals Fear the Loss of Their Tennagers» [Los evangélicos temen la pérdida de sus adolescentes], *New York Times*, 6 de octubre del 2006.

2. Por ejemplo, en septiembre del 2006, el Grupo Barna dio a conocer su observación de que «el dato más potente con respecto a la retirada es que la mayoría de los que tienen veintitantos años —el sesenta y uno por ciento de los jóvenes adultos de hoy— habían sido educados dentro de la iglesia en algún momento de su adolescencia, pero ahora se encontraban espiritualmente retirados». (Barna Group, «Most Twentysomethings Put Christianity on the Shelf Following Spiritually Active Teen Years» [La mayoría de los jóvenes de veintitantos años dejan de lado el cristianismo tras años de actividad espiritual en su adolescencia], *Barna Update*, 16 de septiembre del 2006). Según los sondeos de Gallup, aproximadamente un cuarenta por ciento de jóvenes entre los dieciocho y los veintinueve años que asistían a la iglesia a la edad de dieciséis o diecisiete años han dejado de hacerlo (George H. Gallup Jr., «The Religiosity Cycle» [El ciclo de la religiosiad], *The Gallup Poll*, 19 de octubre del 2006; Frank Newport, «A Look at Religious Switching in America Today» [Una mirada al desvío religioso en los Estados Unidos de hoy], *The Gallup Poll*, 19 de octubre del 2006).

Una encuesta realizada en el 2007 por LifeWay Research a más de mil adultos de entre dieciocho y treinta años que pasaron un año o más en un grupo de jóvenes durante la escuela secundaria, sugiere que más del sesenta y cinco por ciento de los jóvenes adultos que asisten a una iglesia protestante mientras están durante al menos un año en la escuela secundaria, dejarán de hacerlo con regularidad durante un año al menos entre los dieciocho y los veintidós. (LifeWay, «LifeWay Research Uncovers Reasons 18 to 22 Years Olds Drop Out of Church» [LifeWay Research desvela las razones por las cuales los jóvenes de entre 18 y 22 años dejan de asistir a la iglesia], LifeWay Christian Resources, http://www.lifeway.com/article/165949/). En este estudio, los encuestados no eran necesariamente personas que se hubieran graduado como estudiantes del último curso en un grupo de jóvenes. Además, el diseño de la investigación no consideró las paraiglesias o comunidades de fe dentro del campus en su definición de la asistencia a la iglesia de los universitarios.

Los datos del Estudio Nacional sobre la Juventud y la Religión publicados en el 2009 indican un descenso aproximado del treinta por ciento en la asistencia semanal, o más frecuente, a los servicios religiosos en las múltiples denominaciones protestantes (Christian Smith y Patricia Snell, *Souls in Transition: The Religious and Spiritual Lives of Emerging Adults*, Oxford University Press, Nueva York, 2009).

La estimación del Instituto de la Juventud Fuller de que del cuarenta al cincuenta por ciento de graduados en la escuela secundaria dejará de aferrarse a su fe se basa en una recopilación de datos de estos variados estudios.

3. Algún tiempo después de que empezáramos a utilizar la frase *fe sólida* (*sticky faith* en el libro original en inglés) en nuestros escritos y seminarios, nos enteramos de que había un libro de Group Publishing titulado *Sticky Faith* que hablaba de lo mismo. Un año más tarde leímos la frase en *Inside Out Families* de Diana Garland. Aunque nosotros acuñamos la frase de una forma independiente, nos alegramos de que otros líderes concienzudos estén dedicando energía a ayudar a que la fe de los chicos y de sus familias sea sólida.

4. LifeWay, «LifeWay Research Uncovers Reasons» [LifeWay Research desvela razones].

5. El porcentaje varía significativamente según la denominación; existe una mayor probabilidad de que los protestantes conservadores regresen en comparación con los católicos romanos o los protestantes tradicionales. (Wade Clark Roof y Lyn Gesch, «Boomers and the Culture of Choice: Changing Patterns of Work, Family and Religion» [Los nacidos en los años sesenta y la cultura de la elección: patrones cambiantes de trabajo, familia y religión] en *Work, Family and Religion in Contemporary Society*, ed. Nancy Tatom Ammerman y Wade Clark Roof, Routledge, Nueva York, 1995, pp. 61-79).

6. El Centro Nacional de la Adicción y el Abuso de Sustancias de la Universidad de Columbia, «Wasting the Best and the Brightest:

Substance Abuse at America's Colleges and Universities» [Malgas-
tando lo mejor y lo más brillante: el abuso de sustancias en los co-
legios y universidades estadounidenses], http://www.casacolumbia.
org/download.aspx?path=/UploadFiles/blkms01k.pdf.

7. Henry Wechsler y Bernice Wuetrich, *Dying to Drink: Con-
fronting Binge Drinking on College Campuses*, Rodale, Emmaus,
Pensilvania, 2002, pp. 4, 21.

8. *Íbid*, pp. 4, 28.

9. Michael Kimmel, *Guyland*, HarperCollins, Nueva York, 2008,
p. 199.

10. *Íbid*, p. 195.

11. *Íbid*, p. 58.

12. Carolyn McNamara Barry y Larry J. Nelson, «The Role of
Religion in the Transition to Adulthood for Young Emerging Adults»
[El papel de la religion en la transición a la adultez para los jóvenes
adultos emergentes], *Journal of Youth and Adolescence* 34, no. 3,
2005, pp. 245-55; Patrick L. Dulin, Robert D. Hill y Kari Ellingson,
«Relationships among Religious Factors, Social Support and Alcohol
Abuse in a Western U. S. College Student Sample» [Las relaciones
entre los factores religiosos, el apoyo social y el abuso del alcohol
en un muestreo de estudiantes universitarios del oeste de los Estados
Unidos], *Journal of Alcohol and Drug Education* 50, no. 1, 2004,
pp. 5-14; Eva S. Lefkowitz, Meghan M. Gillen, Cindy L. Shearer y
Tanya L. Boone, «Religiosity, Sexual Behaviors, and Sexual Attitu-
des during Emerging Adulthood» [La religiosidad, y las conductas
y actitudes sexuales durante la adultez emergente], *Journal of Sex
Research* 41, no. 2, 2004, pp. 150-59; Melissa S. Strawser, Eric A.
Storch, Gary R. Geffken, Erin M. Killiany y Audrey L. Baumeister,
«Religious Faith and Substance Problems in Undergraduate College
Students: A Replication» [La fe religiosa y los problemas con las
sustancias en los estudiantes universitarios pregraduados: una répli-
ca], *Pastoral Psychology* 53, no. 2, 2004, pp. 183-88.

13. Chap Clark, *Sufrimiento: Dentro del mundo de los adolescentes de hoy en día*, Casa Creación Ed., Lake Mary, Fl., 2005.

14. Gracias a una considerable subvención para la investigación
por parte de Lilly Endowment, dos estudios longitudinales de 384
alumnos del último curso de la secundaria del grupo de jóvenes a lo
largo de sus primeros tres años en la universidad han sido fundamentales para nuestro «Proyecto de transición a la universidad». Diseña-

mos la investigación para que fuera longitudinal, y esto significa que seguimos a los graduados del grupo de jóvenes a lo largo del tiempo a fin de poder rastrear sus viajes individuales y colectivos durante sus primeros tres años de universidad. La mayoría de los estudiantes encuestados rellenaron su primer cuestionario en línea durante la primavera de su último año en la escuela secundaria, y después uno o dos cuestionarios anuales también en línea durante su primer año de universidad, el segundo y los del primer ciclo universitario. Cada recogida de datos nos permitió retirar las capas menos relevantes de la transición y centrarnos en lo que se halla en el núcleo de la fe sólida. Nótese que nuestra investigación no se diseñó para demostrar causalidad, sino para descubrir fuertes correlaciones entre variantes que pudieran predecir las relaciones entre tales variantes.

15. El «Proyecto de transición a la universidad» se compone de cuatro iniciativas distintas: un estudio experimental cuantitativo inicial, que implicó a 69 graduados del grupo de jóvenes; dos estudios de tres años longitudinales (principalmente cuantitativos) de estudiantes de último año durante sus tres primeros años de universidad, que implicó a 162 y 227 estudiantes respectivamente; así como entrevistas cualitativas adicionales con cuarenta y cinco exgraduados del grupo de jóvenes que asisten actualmente a la universidad. Para más sobre la metodología de nuestra investigación, visite www.stickyfaith.org.

16. LifeWay, «LifeWay Research Uncovers Reasons» [LifeWay Research desvela razones].

17. Luchamos con la forma de describir que Dios se interesa e interactúa con cada individuo y sin embargo una buena parte del crecimiento de nuestra fe es algo que tiene lugar en comunidad. *Personal* es nuestro mejor intento, pero al usar este término no pretendemos implicar la fe individualista.

18. Basándonos en estos tres descriptores, cuantificamos la fe sólida mediante una recopilación de escalas de madurez de la fe válidas y fiables, que se centran en los paradigmas y creencias interiorizados, sus motivaciones y las conductas más exteriorizadas (prácticas de fe tanto públicas como privadas, como la oración, el servicio y la asistencia a la iglesia).

19. Christian Smith con Melinda Lundquist Denton, *Soul Searching: The Religious and Spiritual Lives of American Teenagers*, Oxford Univ. Press, Nueva York, 2005.

20. Escuche el panel de debate «A la búsqueda del alma» de marzo 2008 en la página web del FYI: http://fulleryouthinstitute. org/2008/03/soul-searching-panel/.

21. Tim Clydesdale, *The First Year Out*, Univ. of Chicago Press, Chicago, 2007, p. 205.

CAPÍTULO 2: EL EVANGELIO QUE PERMANECE

1. Dallas Willard, *The Divine* Conspiracy, HarperCollins, Nueva York, 1998, p. 41. Publicado en español con el título *La conspiración divina*.

2. «Mándales que hagan el bien, que sean ricos en buenas obras, y generosos, dispuestos a compartir lo que tienen» (1 Timoteo 6:18).

CAPÍTULO 3: UNA IDENTIDAD INALTERABLE

1. Para este libro hemos elegido utilizar las categorías de: niños (nacimiento-10 años); principio de la adolescencia (10-14); final de la adolescencia (14-18/20); adultez emergente (término proporcionado por Jeffrey J. Arnett para las edades de 18/20 hasta el final de los veintitantos y más allá).

2. La Sociedad para la Neurociencia posee una página web exhaustiva que proporciona información adicional sobre el cerebro adolescente: Advancing the Understanding of the Brain and Nervous System [Comprensión avanzada del cerebro y el sistema nervioso] en http://www.sfm.org/index.aspx?pagename-brainBriefings_Adolescentbrain (consultada el 2 de mayo del 2011).

3. Aunque existe una amplia evidencia de que esto es cierto y manifiesto, los eruditos tienen que ponerse de acuerdo todavía sobre las causas específicas e incluso el impacto. Sin embargo, no existe el más mínimo resquicio de duda de que está ocurriendo un cambio social masivo que hace que tengamos cuatro etapas de desarrollo en lugar de tres: niño, adolescente, adulto emergente, adulto (véase Jeffrey J. Arnett, *Adolescencia y adultez emergente: un enfoque cultural*, Editorial Pearson, México, 2007). Para más información sobre este tema, sugerimos tres libros que proporcionan un resumen del mismo bastante uniforme, aunque ofrecen distintas causas y soluciones: Chap Clark, *Sufrimiento: Dentro del mundo de los adolescentes de hoy*, Lake Mary, Casa Creación, Fl., 2005; Robert Epstein, *Teen 2.0*, Linden Publishing, Fresno, California, 2010; y Cristian Smith y Patricia Snell,

Almas en transición: Las vidas religiosas y espirituales de los adultos emergentes, Oxford Univ. Press, Nueva York, 2009.

4.   Véase Tim Clydesdale, *The First Year Out*, Univ. of Chicago Press, Chicago, 2007.

5.   Nuestro agradecimiento a la Dra. Cheryl Crawford de Azusa Pacific University por sus contribuciones en esta sección.

6.   Los libros fundamentales de Nouwen que explican estos pensamientos son *En el nombre de Jesús* y *Tú eres mi amado*.

7.   Nuestro agradecimiento al autor y amigo Philip Yancey por esta expresión que se ha convertido casi en un estereotipo para nuestra familia.

8.   Robert Kegan, *In over Our Heads: The Mental Demands of Modern Life*, Harvard Univ. Press, Cambridge, Massachusetts, 1994, p. 42.

CAPÍTULO 4: CONVERSACIONES SOBRE LA FE SÓLIDA

1.   Instituto de Investigación, *Effective Christian Education: A National Study of Protestan Congregations*, Search Institute, Minneapolis, 1990.

2.   Estos dos conjuntos de datos son el National Study of Youth and Religion [Estudio nacional de juventud y religión] y el National Longitudinal Study of Adolescent Health [Estudio longitudinal nacional de la salud adolescente]. Mark D. Regnerus, *Forbidden Fruit*, Oxford Univ. Press, Nueva York, 2007, pp. 60-73.

3.   Este descubrimiento surgió de las preguntas relacionadas con el grado de libertad que los niños sienten para discutir sus dudas en su ministerio de jóvenes. Creemos que esta misma dinámica se aplica a los debates sobre las dudas en la familia.

4.   Dallas Willard, *The Divine Conspiracy*, HarperCollins, Nueva York, 1998, p. 40. Publicado en español bajo el título *La conspiración divina*.

5.   Derek Melleby, «Life after High School: The First Year», Center for Parent/Youth Understanding» [«La vida después de la escuela secundaria: el primer año», Centro para el entendimiento entre padres y jóvenes], http://www.spyu.org/Page.aspx?id=387650.

Capítulo 5: Una red de relaciones consolidada

1. Judith Gundry-Volf, «To Such as These Belongs the Reing of God» [De los tales es el reino de Dios], *Theology Today* 56, n. 4, 2000, pp. 475-76.

2. Sharon Daloz Parks, *Big Questions, Worthy Dreams*, Jossey-Bass, San Francisco, 2000, p. 192.

3. Erika C. Knuth, «Intergenerational Connections and Faith Development in Late Adolescence» [Conexiones intergeneracionales y desarrollo de la fe al final de la adolescencia], tesis de doctorado de la Escuela de Psicología del Seminario Teológico Fuller, 2010.

4. Reggie Joiner, Chuck Bomar y Abbie Smith, *The Slow Fade*, Cook, Colorado Springs, 2010, p. 63.

5. Reggie Joiner y Carey Nieuwhof, *Parenting beyond Your Capacity*, Cook, Colorado Springs, 2010, p. 70.

6. David Fraze, «A Church in the Intergenerational HOV Lane», *FYI E-Journal,* 2 de febrero del 2009, http://fulleryouthinstitute. org/2009/02/a-church-in-the-intergenerational-hov-lane/.

7. Stanley Hauerwas, Carole Bailey Stokeking, Keith G. Meador y David Cloutier, *Growing Old in Christ*, Eerdmans, Grand Rapids, Michigan, 2003, p. 182.

Capítulo 6: Una justicia inquebrantable

1. Nicholas Wolterstorff, «The Contours of Justice: An Ancient Call for Shalom» [Los contornos de la justicia: un antiguo llamado a la paz], en *God and the Victim: Theological Reflections on Evil, Victimization, Justice, and Forgiveness*, ed. Lisa Barnes Lampman y Michelle D. Shattuck, Eerdmans, Grand Rapids, Michigan, 1999, p. 113.

2. Tim Arango, «Make Room, Cynics; MTV Wants to Do Some Good» [Hagan sitio, cínicos; la MTV quiere hacer algún bien], *New York Times,* 18 de abril del 2009, http://www.nytimes. com/2009/04/19/business/media/19mtv.html?th&emc=th.

3. David A. Livermore, *Cultural Intelligence: Improving Your CQ to Engage Our Multicultural World*, Baker Academic Grand Rapids, Michigan, 2009, p. 26.

4. Kurt Ver Beek, «The Impact of Short-Term Missions: A Case Study of House Construction in Honduras after Hurricane Mitch» [El impacto de las misiones a corto plazo: un caso de estudio sobre

la construcción de casas en Honduras luego del huracán Mitch], *Missiology* 34, n. 4, octubre del 2006, p. 485.

5. Robert J. Priest, Terry Dischinger, Steve Rasmussen y C. M. Brown, «Researching the Short-Term Mission Movement» [Investigación sobre el movimiento de la misión a corto plazo], *Missiology* 34, n. 4, octubre del 2006, pp. 431-50.

6. La investigación nacional de la MTV consistió en mil trescientos ocho chicos de entre doce y veinticuatro años que rellenaron distintas encuestas en línea y noventa y ocho estudiantes que fueron entrevistados personalmente.

7. Se puede acceder a esta investigación en http://www.mtv.com/thinkmtv/research/.

8. Sara Corbett, «A Prom Divided» [Un baile dividido], *New York Times,* 21 de mayo del 2009, http://www.nytimes.com/2009/05/24/magazine/24prom-t.html.

9. Diana Garland, *Inside Out Families*, Baylor Univ. Press, Waco, Texas, 2010, p. 70.

10. Nos sentimos profundamente en deuda con nuestros colaboradores en la investigación, Dave Livermore y Terry Linhart, por el diseño y la facilitación de estas cumbres, así como a todos los participantes que sacrificaron su tiempo y sus profundos conocimientos: Jared Ayers, George Bache, Noel Becchetti, Terry Bley, Todd Bratulich, Tom Carpenter, Sean Cooper, April Díaz, Brian Dietz, Joel Fay, Hal Hamilton, Brian Heerwagen, Eric Iverson, Tom Ives, Cari Jenkins, Johnny Johnston, Kent Koteskey, Sandy Liu, Mark Maines, Mark Mattlock, Daryl Nuss, Derry Prenkert, Kurt Rietema, David Russell, David Schultz, Rich Van Pelt, Bob Whittet y Kimberly Williams.

11. La siguiente sección está adaptada del trabajo de Kara Poell, Dave Livermore, Terry Linhart y Brad Griffin, «If We Send Them, They Will Grow... May Be» [Si los enviamos, crecerán... quizás], http://fulleryouthinstitute.org/2007/03/if-we-senf-them-they-will-grow$80%A6maybe/.

12. Laura Joplin, «On Defining Experiencial Education» [Acerca de definir la educación experiencial] en *The Theory of Experiential Education*, ed. Karen Warren, Michell Sakofs y Jasper S. Hunt Jr., Kendall/Hunt, Dubuque, Iowa, 1995, pp. 15-22.

13. Terence D. Linhart, «Planting Seeds: The Curricular Hope of Short Term Mission Experiences in Youth Ministry» [Plantar semillas: La esperanza curricular de las experiencias en misiones a corto plazo del ministerio juvenil], *Christian Education Journal,* 3ᵉʳ ser., 2005, pp. 256-72. Se ha modificado alguna terminología del modelo.

14. Este modelo se explica de una manera completa en Kara Powell y Brad Griffin, *Deep Justice Journeys*, Zondervan, Grand Rapids, Michigan, 2009. En este libro se proporcionan cincuenta actividades didácticas para antes/durante/después con el fin de ayudar a que los adolescentes pasen de los viajes misioneros a la vida misional.

15. Garland, *Inside Out Families*, p. 116.

Capítulo 7: Un puente firme para salir de casa

1. Se puede encontrar un trabajo de gran influencia sobre esta teoría de un período intermedio en Arnold Van Gennep, *Los ritos de paso*, Alianza Editorial, Madrid, 2008; y Victor Turner y Edith Turner, *Imagen y peregrinación en la cultura cristiana: perspectivas antropológicas*, Columbia Univ. Press, Nueva York, 1978.

2. Estoy muy agradecido a Brad Griffin, director adjunto del FYF por su colaboración en este capítulo.

3. Tim Clydesdale, *The First Year Out*, Univ. of Chicago Press, Chicago, 2007, pp. 2, 73-74.

4. Según el artículo de Kathy Chu, «College Students Using Plastic More» [Los estudiantes universitarios utilizan más su tarjeta de crédito] *USA Today*, 13 de abril del 2009; y «Credit Card Statistics, Industry Facts, Debt Statistics» [Estadísticas de las tarjetas de crédito, información de la industria, estadísticas de deudas], http://www.creditcards.com/credit-card-news/credit-card-industry-facts-personal-debt-statistics-1275.php (acceso el 2 de marzo del 2011).

5. Kenneth R. Mitchell y Herbert Anderson, *All Our Losses, All Our Griefs: Resources for Pastoral Care*, Westminster, Louisville, 1983, pp. 36-46.

Apéndice 1: Resumen de la investigación sobre el «Proyecto de transición a la universidad»

1. Xiangley Chen, Joanna Wu, Shayna Tasoff, «The High School Senior Class of 2003-04: Steps toward Postsecondary Enro-

llment» [La clase de último año de la escuela secundaria 2003-04: Pasos hacia la inscripción en la postsecundaria], US Department of Education, National Center for Education Statistics [Departamento estadounidense de educación, Centro nacional para las estadísticas de la educación], febrero del 2010, tabla 4, http://nces.ed.gov/pubs2010/2010203.pdf.

2. D. R. Hoge, «A Validated Intrinsic Religious Motivation Scale» [Escala de la motivación religiosa intrínseca validada], *Journal for the Scientific Study of Religion* 11, 1972, pp. 369-76.

3. Cameron Lee, «Narrative Faith Relevance Scale» [Escala de relevancia de la fe narrativa], manuscrito inédito, 2004.

4. P. L. Benson, M. J. Donahue y J. A. Erickson, «The Faith Maturity Scale: Conceptualization, Measurement and Empirical Validation» [Escala de madurez de fe: conceptualización, medida y validación empírica], *Research in the Social Scientific Study of Religion* 5, 1993, pp. 1-26.

5. William E. Fiala, Jeffrey P. Bjorck y Richard Gorsuch, «The Religious Support Scale: Construction, Validation, and Cross-Validation» [Escala del apoyo religioso: construcción, validación y validación cruzada], *American Journal of Community Psychology* 30, 2002, pp. 761-86.

6. Hoge, «Validated Intrinsic Religious Motivation Scale» [Escala de la motivación religiosa intrínseca validada].

7. Lee, «Narrative Faith Relevance Scale» [Escala de relevancia de la fe narrativa].

8. Benson *et al.*, «The Faith Maturity Scale» [Escala de madurez de la fe].

9. Fiala *et al.,* «The Religious Support Scale» [Escala del apoyo religioso].

Apéndice 2: Perspectiva general de la investigación para el «Proyecto Sufrimiento»

1. Paula Saukko, «Methodologies for Cultural Studies: An Integrative Approach» [Metodologías para los estudios culturales: un enfoque integrador], en *The SAGE Handbook of Qualitative Research,* 3ª ed., ed. Norman K. Denzim e Yvonna S. Lincoln, SAGE, Thousand Oaks, California, 2005, p. 346.

2. Un ejemplo de esto es el informe de Michelle Fine y Lois Weis sobre la injusticia hacia los jóvenes estadounidenses de la escuela secundaria. Mediante su investigación etnográfica minuciosa pudieron comprobar que «a diferencia de la mayoría de los estudiantes de las escuelas estadounidenses, los jóvenes de los centros escolares integrados deben teorizar sus propias identidades relacionalmente todo el tiempo y cada día, porque se están formando en espacios donde la "diferencia" importa. Esto significa que están aprendiendo, reclamando y negociando sus lugares en base a una jerarquía racial/clasista diaria». Este nivel de observación no podría haber surgido exclusivamente de las formas más típicas de estudiar a los adolescentes, como por ejemplo una encuesta. Existe demasiado conocimiento directo y una familiaridad muy íntima con las circunstancias de quienes están siendo estudiados como para haberlo conseguido sin alguna forma y grado de observación participante. La obra de Michelle Fine y Lois Weis, «Compositional Studies, in Two Parts: Critical Theorizing and Analisis on Social (In)Justice» [Estudios de composición en dos partes: La especulación crítica y el análisis de la (in)justicia social], en Denzim y Lincoln, *SAGE Handbook of Qualitative Research,* p. 75.

3. Patricia A. Adler y Peter Adler, «Review Essay: Teen Scenes: Ethnographies of Adolescent Cultures» [Ensayo preliminar: Escenas adolescentes: Etnografías de las culturas adolescentes], *Journal of Contemporary Ethnography* 31, octubre del 2002, p. 653.

4. Kathy Charmaz, «Grounded Theory in the 21st Century: Applications for Advancing Social Justice Studies» [Teorías basadas en el siglo veintiuno: Aplicaciones para estudios avanzados sobre la justicia social], en Denzim y Lincoln, *SAGE Handbook of Qualitative Research*, p. 517.

5. «El "proceso de investigación autocorrector" de la etnografía ha incluido tradicionalmente procedimientos de muestreo adecuados y apropiados, técnicas sistemáticas para recopilar y analizar datos, la validación de los datos, la prevención de la parcialidad del observador y la documentación de los descubrimientos». Michael V. Angrosino, «Reconstructing Observation: Ethnography, Pedagogy, and the Prospects for a Progressive Political Agenda» [Reconstrucción de la observación: Etnografía, pedagogía y perspectivas para un programa político progresivo], en Denzim y Lincoln, *SAGE Handbook of Qualitative Research,* p. 733.

6.   George Kamberelis y Greg Dimitriadis, «Focus Groups: Strategic Articulations of Pedagogy, Politics, and Inquiry» [Grupos de enfoque: articulaciones estratégicas de la pedagogía, la política y la investigación], en Denzim y Lincoln, *SAGE Handbook of Qualitative Research*, pp. 887-907.

7.   Como observan George Kamberelis y Greg Dimitriadis: «Y quizás lo más importante, las posibilidades dialógicas brindadas por los grupos de enfoque ayudan a que los investigadores puedan trabajar contra la consolidación prematura de su entendimiento y explicaciones, señalando con ello los límites de la reflexividad y la importancia de la modestia intelectual/empírica como formas de ética y praxis. Dicha modestia nos permite entrar en "prácticas dobles", en las que prestamos oído a los intentos de los demás mientras le dan sentido a sus vidas. Asimismo, nos permite resistir las cualidades seductoras de los constructos "demasiado fáciles", como "la voz", mientras nos oponemos a la experiencia misma, que está siempre constituida con antelación dentro de una "gran narrativa" u otra (Lather, 2001, p. 218)», *Ibíd.*, p. 903).

8.   Ibíd., p. 903

9.   Por «grupos de población» me refiero a agrupaciones de estudiantes como una escuela secundaria, un grupo étnico, un vecindario, etc.

10. «El pensamiento colectivo surge cuando un grupo homogéneo, altamente cohesionado, se preocupa tanto por mantener la unanimidad que deja de valorar todas sus alternativas y opciones», Contexts of Communication, «Groupthink», http://oregonstate.edu/instruct/theory/grpthink.html. Véase también Irving Janis, *Groupthink: Psychological Studies of Policy Decisions and Fiascoes*, Houghton Mifflin, Boston, 1982.

11. Según el Departamento de Personal del Estado de Washington, por ejemplo, las competencias están definidas como «el conocimiento medible u observable, las habilidades, las aptitudes y las conductas críticas para la realización de un trabajo de éxito», Washington State Deparment of Personnel, «Competencies», http://www.dop.wa.gov/strategichr/workforceplanning/competencies/pages/default.aspx).